www.tredition.de

AF202469

erwachen
mit panther

Über dieses Buch

Nichts treibt uns Menschen so sehr an, wie die Suche nach Liebe. Dennoch scheitern wir genau daran immer wieder. Gerade, wenn wir denken, wir hätten die Liebe endlich gefunden, platzt die Seifenblase und wir müssen von vorne anfangen.

So ging es auch der Autorin. Endlich schien alles zu passen, doch als die gemeinsame Zukunft sicher schien, ließ ihre große Liebe sie sitzen. Aber was sich zunächst wie der größte Liebeskummer ihres Lebens anfühlte, entpuppte sich im Nachhinein als ein unerwartetes Geschenk, das ihr gezeigt hat, was Liebe überhaupt bedeutet.

Manchmal müssen wir großen Schmerz erleben, um endlich zu erkennen, dass Liebe bedingungslos ist und immer bei der Selbstliebe anfängt. Wer diese Chance zu Wachstum mitten im Verlust erkennen kann, zu dem werden Liebe und Glück zurückkehren.

Über die Autorin

Dr. Sandra Boggel wurde am 28. November 1974 in Düsseldorf geboren. Nach dem Studium der Anglistik und Psychologie und anschließender Promotion in Köln, arbeitete sie als Onlineredakteurin, Projekt- und Vertriebsleiterin in Berlin und Köln. Die in diesem Buch beschriebene Begegnung brachte sie dazu, ihr bisheriges Leben infrage zu stellen und ihren Traum umzusetzen, als Coach und Autorin zu arbeiten. 2021 gründete sie ihr spirituelles Coaching-Programm „Erwachen mit Panther".

Dr. Sandra Boggel

Wege zur Liebe

Alles beginnt in dir

www.tredition.de

© 2021 Dr. Sandra Boggel
Umschlag, Illustration: Sarah Fink
Lektorat: tredition GmbH

Verlag & Druck: tredition GmbH, Halenreie 40-44, 22359 Hamburg

ISBN
Paperback   978-3-347-20057-9
Hardcover   978-3-347-20058-6
E-Book   978-3-347-20059-3

Inhaltsverzeichnis

Wie alles begann

Du musst immer wieder dein
Herz brechen, bis es sich öffnet.

Rumi

Warum passiert das immer mir? Diese Frage haben sich die meisten Menschen irgendwann schon einmal gestellt. Dann bemerken sie, dass sich bestimmte Dinge wiederholen und man hier oder da in einer Abwärtsspirale festzustecken scheint. Egal ob es um eine Pechsträhne beim Sport geht, um nervige Chefs oder um ein schlechtes Händchen in der Liebe. Manche Bereiche unseres Lebens laufen bestens, doch in anderen endet es immer mit Verlust oder Enttäuschung.

Bei mir war es schon lange das Thema Liebe, das nicht funktionierte. Während andere um mich herum heirateten und Kinder bekamen, schienen meine Dates und Beziehungen verflucht. Und obwohl ich schon als Teenager überzeugt war, dass es für mich nur eine große Liebe im Leben geben und ich mit ihm eine Handvoll Kinder haben würde, zogen sich gescheiterte Beziehungen durch mein Leben wie ein knallroter Faden. Von der großen Liebe gab es zwar immer wieder Spuren, aber nichts Bleibendes.

Doch jede Pechsträhne hat einmal ein Ende. Und so änderte sich auch mein Liebesleben von einem Tag auf den anderen. Endlich passte alles, denn ich hatte tatsächlich den einen wiedergefunden. Ich war mit dem Mann zusammen, der mich schon vor Jahren dazu brachte, den überfälligen Schlussstrich unter meine damalige Partnerschaft zu ziehen, weil ich in einem winzigen Moment zwischen uns mehr gespürt hatte als in den ganzen Jahren davor.

Wie das Leben so spielt, war er damals bereits glücklich mit seiner späteren Frau liiert, und als wir uns Jahre danach wiedersahen, war ich diejenige in einer festen Beziehung. Doch nun, weitere drei Jahre später, hatte alles sein überfälliges Happy End gefunden, und es war noch viel besser als gedacht. Wir redeten schon nach wenigen Wochen übers Zusammenziehen, und er konnte es kaum erwarten, mich seiner Mutter und seinen Kindern vorzustellen. Wiederholt fragte er mich, ob das hier auch für immer sei. Er sprach es als Erstes aus: *Ich liebe dich.* Ich zögerte, es war so früh. Aber das gab sich schnell: Natürlich liebte ich diesen Mann, und zum ersten Mal in meinem Leben konnte ich die drei Worte aus vollem Herzen aussprechen – frei von Bedenken, Ängsten oder Vorbehalten.

Es war eine Achterbahnfahrt auf Wolke sieben. Ich konnte mich nicht erinnern, wann ich das letzte Mal so verliebt gewesen war und gleichzeitig das

Gefühl hatte, dieser Mensch würde mir niemals wehtun. Auch unsere Außenwelt reflektierte unser Glück. Noch nie haben mir so viele Menschen gesagt, wie glücklich und entspannt ich wirkte, und auch seine Freunde bestätigten ihm diesen Eindruck. Auf unseren gemeinsamen Fotos, im Spiegel und in seinem Gesicht konnte ich förmlich zusehen, wie unser inneres Glück immer mehr nach außen strahlte.

Natürlich gab es Menschen, die fanden, dass es zu schnell ginge. Aber wir hatten keine Zeit für Bedenken. Wir kannten uns immerhin schon unser halbes Leben, und es lief einfach: Freunde kennenlernen, Freibad mit den Kindern am Wochenende, gemeinsame Besuche im Möbelgeschäft, Kurztrips nach Holland mit jeder Menge Kibbeling, in den Sand gemalten Herzen und auf der Rückfahrt ein Quickie hinterm städtischen Hallenbad. Es war ein bisschen verrückt und einfach nur wunderschön.

Bis das Misstrauen und der Streit kamen – und das ungefähr genauso schnell, wie unsere Liebe sich entwickelt hatte. Erst war es nur ein kleines Missverständnis, es folgte ein größeres, und schon mischten sich auch noch andere Menschen ein. Plötzlich konnten wir nicht mehr miteinander reden, ohne dass ich mich sinnlos verteidigte oder er wütend aus dem Raum stürmte. Immer wieder versuchte ich die Situation zu klären, doch sobald ich die kritischen Themen auch nur anschnitt, wurde er ungehalten oder versuchte, mir das Wort abzuschneiden. Dieser eine Mensch, mit dem ich dachte über alles sprechen zu können, fuhr mir über den Mund, wie es noch nie jemand in meinem Leben getan hatte. Und nun, nach nur wenigen gemeinsamen Monaten und ein paar Tage vor dem geplanten Sommerurlaub, saß er auf meiner Couch, um mir zu sagen, dass er momentan lieber wieder allein sein möchte, weil das mit uns zu viel, zu stressig und zu früh sei. Ich werde nie vergessen, wie ich vor Kummer gelähmt auf der Couch saß und nicht begreifen konnte, dass derselbe Mann, der bis vor Kurzem nicht aufhören konnte zu sagen, wie glücklich er sei und dass er immer mit mir zusammen sein wollte, mir nun sagte, dass er seine Gefühle nicht mehr spüren konnte. Ich war fassungslos. Natürlich, die Streits waren heftig und unschön gewesen, aber ich hatte wirklich geglaubt, wir seien stärker. Ich weiß, dass er das auch einmal geglaubt hat – sonst hätte er mich kaum zwei Tage später angerufen und mich gebeten, ihm etwas Zeit und uns noch eine Chance zu lassen. Doch es war schon zu viel passiert, als dass unsere letzten Wiederbelebungsversuche noch funktioniert hätten.

In einem meiner Lieblingsfilme, dem Zweiteiler *Before Sunrise* und *After Sunset*, lernen sich die beiden Hauptdarsteller in Paris kennen und verbringen nur eine einzige Nacht miteinander. Sie verlieben sich und gehen am Ende doch getrennte Wege.

Im zweiten Teil sehen sie sich wieder: Er ist verheiratet, sie nicht. Beide konnten nie aufhören, aneinander zu denken, doch sie ist diejenige, die allein ist und die ihm irgendwann unter Tränen sagt, dass das ihr Leben sei: Die Männer verliebten sich in sie und heirateten dann doch eine andere.

Ich hätte jedes ihrer Worte mitsprechen können, denn dieser Film war ein bisschen mein Leben. Und jetzt passierte es schon wieder. Jetzt, da ich endlich dachte, angekommen zu sein, stellte sich die ganze Verliebtheitsnummer wieder als heiße Luft heraus: Er machte dicht, verleugnete seine Gefühle und setzte zu allem Überfluss nur wenige Wochen nach der Trennung sein Beziehungsleben mit der nächsten Frau fort, während ich noch Monate in romantischer Schockstarre verharrte.

Ich gab alles, um meinen Kopf über Wasser zu halten und mein Leben weiterzuleben. Auf keinen Fall wollte ich reinfallen in dieses tiefe emotionale Loch, das sich plötzlich vor mir aufgetan hatte. Und dann, ganz unerwartet, gesellte sich nach und nach ein neues Gefühl hinzu. Tief in mir entstand die Überzeugung, dass diese Trennung ein Weckruf gewesen und irgendwo am Ende dieses dunklen Tunnels sehr viel Licht war. Ein Teil von mir versank im Schmerz, und der andere begann Schritt für Schritt das Leben wieder zu genießen – und das mit einem Gefühl, wie ich es noch nie erlebt hatte. Das Paradoxe an der Situation war, dass ich ihm trotz des ganzen Schmerzes unendlich dankbar war, in mein Leben getreten zu sein. Denn er hatte mir gezeigt, wie sich tiefe Liebe anfühlt – und mir deutlich gemacht, wie weit ich davon entfernt war, eine solche Liebe annehmen und leben zu können.

Plötzlich war mir klar, dass diese Begegnung einen tieferen Sinn für mein Leben haben sollte. Es gab im Außen keinen Trost dafür, ihn verloren zu haben – und so wendete ich mich immer mehr nach innen. Ich vertiefte mich in spirituelle Literatur und versuchte, meine aufgebrachten Gedanken in Meditation zu beruhigen. So stolz ich bisher auf meinen akademischen Verstand und meine rational-logische Sicht auf das Leben gewesen war, begann ich nun, auf Zeichen des Universums zu achten und meinen Verstand hintanzustellen. Ich, die ich innerlich die Augen verdrehte, wenn jemand mich nach meinem Sternzeichen fragte, glaubte plötzlich fest daran, dass da noch viel mehr hinter der sichtbaren Wirklichkeit war, als wir mit unserem Verstand begreifen können. Und ausgerechnet jetzt, wo ich einfach nur wütend und verletzt hätte sein können, begann ich langsam zu verstehen, was bedingungslose Liebe wirklich bedeutet.

Ich hatte mich zwar schon öfter in meinem Leben mit spirituellen Lehren beschäftigt, hatte Eckhart Tolle oder den Dalai Lama gelesen und praktizierte Yoga. Doch immer blieb ich skeptisch und hatte Probleme, zum Beispiel an ein Leben nach dem Tod oder an irgendetwas zu glauben, was unser Verstand oder die Wissenschaft nicht klar belegen konnten. Dass dies eine der Ursachen für eine im Verborgenen wachsende Verlustangst und meine schrumpfende Selbstliebe war, war mir dabei nicht bewusst.

Doch nun begann ich, vieles besser zu verstehen. Ich erkannte, was die Hauptperson meines Lieblingsfilms und ich gemeinsam hatten. Wir beide liebten uns selbst nicht und suchten deshalb immer im Außen nach jemandem, der das für uns übernahm. Anstatt uns erst einmal im Innen zu verändern, zogen wir stets die gleichen, zum Scheitern verurteilten Beziehungen an. Denn egal wie sehr mich sein Verhalten verletzt hatte: Er war nicht der Erste, der mich enttäuschte oder sitzen ließ, und wenn ich jetzt nicht etwas Entscheidendes an mir selbst änderte, würde auch meine nächste Beziehung wieder im Unglück enden. Ich, und nur ich, war die Konstante in dieser nicht endenden Folge von Beziehungen, die mich immer wieder enttäuschten. Ich blieb, während die anderen Akteure ausgetauscht wurden – schließlich war es mein Leben. Natürlich gehören immer zwei dazu, aber warum folgte ich immer ähnlichen Mustern?

Als ich mich traute, mir die Frage zu stellen, welche Anteile in mir bei anderen dieses Verhalten verursachten, änderte sich für mich alles. Denn ich verstand endlich, dass nichts in meinem Leben Zufall war, und dass ich auch meine scheiternden Beziehungen sehr gezielt zu mir gerufen hatte.

Wir ziehen immer das in unser Leben, was unser Inneres am besten widerspiegelt, denn nur so können wir uns weiterentwickeln. Jeder Mensch, der uns im Leben begegnet, ist eine Gelegenheit, zu lernen. Andere halten uns den Spiegel vor, damit wir unsere Ängste erkennen und uns daraus befreien können. Trennungen, Traumata, Schmerz – all das ist von unserer Seele herbeigerufen worden, damit wir uns weiterentwickeln. Es ist ihr Weg, unsere Wunden an die Oberfläche zu bringen, damit sie endlich gesehen und überwunden werden. Die besten Lehrmeister sind daher manchmal genau die Menschen, die uns die größten Schmerzen zufügen. Sie zwingen uns, unseren Kurs zu ändern, zu heilen und zu vergeben.

Wenn wir die äußere Welt als ein Spiegelbild unseres Inneren begreifen und erkennen, welche Lektionen andere Menschen für uns bereithalten, können wir auch aufhören, uns immer als Opfer der Umstände zu sehen. In der Opferrolle können wir nichts ändern, denn dort sind wir nur ein Spielball der äußeren Welt – und in diesem Fall sind die anderen verantwortlich, nicht wir selbst. Als Opfer sind wir machtlos, doch leider sind wir gerne in dieser Rolle. Denn so können wir mit erhobenem Zeigefinger auf den anderen zeigen: Der andere hat uns Unrecht getan, uns verletzt und enttäuscht, wir dagegen sind unschuldig. In dieser Position fühlen wir uns moralisch und emotional im Recht und können uns der Verantwortung für unser eigenes Tun wunderbar entziehen. Erst die Befreiung aus der Opferrolle gibt uns die volle Verantwortung über unser Leben zurück.

Das ist nicht einfach. Ich habe lange gebraucht, diese eine große Liebe als den Spiegel zu erkennen, der er für mich war und immer noch ist. Immer wieder bin ich in mein altes vertrautes Muster gefallen, habe den Fehler bei ihm gesucht und versucht, mich selbst als Opfer seines Verhaltens und der Situation zu betrachten. Doch etwas in mir forderte mich nachdrücklich auf, die Verantwortung für das was passiert war und was ich nun daraus machte, selbst zu übernehmen.

Und von da an war alles anders. Mitten im Schmerz fühlte ich eine unglaublich tiefe Dankbarkeit, das alles zu erleben und endlich wieder zu atmen, zu fühlen und wahrhaft zu lieben. Der Schmerz machte mir bewusst, wie lebendig ich mich fühlen konnte. Er war mein Motor, der mich dazu brachte, mich und mein Leben von Grund auf zu ändern. Er war der deutlichste und gnadenloseste Spiegel, den ich je hatte. Der Verlust war notwendig, damit ich endlich aufwachte und die

Lektion, die mir schon so lange immer wieder vor die Füße geworfen wurde, annahm.

Sobald ich verstanden hatte, was ich jetzt tun musste, fing mein Leben an sich zu verändern. Ich begann das Verhältnis zu meiner Familie zu heilen, von der ich mich die letzten Jahre zunehmend distanziert hatte. Alte Freunde und Bekannte kehrten wie aus dem Nichts in meinen Alltag zurück und zeigten mir Perspektiven, die ich schon mein halbes Leben übersehen hatte. Ich bekam mit Leichtigkeit Anerkennung, wo ich sonst gekämpft habe. Ich habe meine Berufung entdeckt und aufgehört, immer nur den Weg zu gehen, den andere von mir erwarten. Ich fing an, meinen Standpunkt zu vertreten und eigene Pfade einzuschlagen, wo ich sonst mitgelaufen wäre, um mich weiterhin geliebt zu fühlen.

Vor allem aber fand ich meinen Weg zurück zur Liebe in ihrer ursprünglichsten Form – der göttlichen, universellen und bedingungslosen Liebe, die uns alle verbindet. Und das ist das, was wir Menschen tief drinnen am meisten vermissen. Wir leben in der modernen Welt so aus unserem Ego heraus, dass wir uns immer mehr von der alles verbindenden, bedingungslosen Liebe abtrennen. Wir hören nicht auf die Bedürfnisse unserer Seele, sondern jagen Statussymbolen, Geld, Schönheit, Leistung und Anerkennung hinterher. Wir messen uns ständig mit anderen und haben so unsere tiefe

Verbundenheit miteinander längst verloren – und damit auch unsere Verbindung zu Gott, zum Universum und zu unserem Ursprung. Wir haben uns von uns abgetrennt, wissen nicht, wie wir uns selbst lieben sollen, und erwarten daher von anderen, dass sie uns umso mehr lieben. Wir sehnen uns danach, bedingungslos geliebt zu werden, und stellen trotzdem jede Menge Bedingungen an die Liebe. Wir versuchen jeden Tag, unseren Mut zu beweisen, indem wir verantwortungsvolle Jobs in riesigen Konzernen übernehmen oder an ein Gummiseil geknotet in einen hundert Meter tiefen Abgrund springen und werden doch von unseren tiefsitzenden Ängsten gequält.

Doch immer mehr Menschen wenden sich von unserem angst- und egobasierten Leben ab, treten die Reise nach innen an und erleben, was spirituelles Erwachen bedeutet. Und auch wenn sich spirituelles Erwachen für viele nach etwas Übermenschlichem anhört, das nur Mönche in einem buddhistischen Kloster oder Einsiedler in strenger Askese erreichen können, ist es ein Weg, der uns allen offensteht und uns zu uns selbst, unserer Seele und zur bedingungslosen Liebe zurückführt. Es ist ein Weg, der uns daran erinnert, wer wir wirklich sind.

Manche sagen, diesen Weg kann nur einschlagen, wer tiefen Schmerz und Verlust erlebt hat, doch daran glaube ich nicht – denn wir alle tragen

Wunden und Verletzungen mit uns herum, und wir alle leiden insgeheim am Verlust der bedingungslosen Liebe. Daher verbringen auch so viele Menschen ihr Leben damit, die Liebe an den falschen Stellen zu suchen und immer wieder an den selbst aufgestellten Bedingungen zu scheitern. Die Frage ist nur, ob man bereit für eine spirituelle Transformation ist, denn nichts anderes stellt das eigene Leben und die Sicht auf die Welt so sehr auf den Kopf.

Die Bereitschaft zu spiritueller Arbeit steigt mit den Verletzungen und Enttäuschungen, die man erlebt, und bei den meisten Menschen ist es ein bestimmtes einschneidendes Ereignis, wie Tod, Krankheit, Bankrott oder Trennung, welches sie daran hindert, so weiterzumachen wie bisher. Doch weil immer mehr Menschen so etwas erleben und genug von unserem abgetrennten modernen Leben haben, war ich auf meiner Reise nicht allein. Spirituelle Lehrer wie Eckhart Tolle, Gabby Bernstein, Marianne Williamson, Deepak Chopra oder Joe Dispenza sammeln mehr Anhänger um sich als manche Pop- oder Filmstars. Bücher wie *Ein Kurs in Wundern*, Eckhart Tolles *Jetzt! Die Kraft der Gegenwart* oder das *Tao-te-King* von Lao Tse entwickeln sich zu den Bibeln der modernen Welt und zeigten auch mir den Weg.

Gleichzeitig wenden sich renommierte Wissenschaftler den Grenzen des Wahrnehmbaren zu und nehmen selbst Skeptikern den letzten Widerstand. Experimente der Quantenphysik untermauern unsere tiefe Verbundenheit und unsere Schöpferkraft, wie sie die alten spirituellen Meister schon seit sehr langer Zeit lehren. So wissen wir dank wissenschaftlicher Experimente mittlerweile, wie sich das Quantenfeld allein durch unsere Gedanken und Emotionen verändert, und Wissenschaftler wie der Neurologe Dr. Joe Dispenza zeigen eindrucksvoll, wie wir durch die Kraft unseres Bewusstseins das Quantenfeld und damit unseren Geist, unseren Körper und unsere Realität komplett verändern können. Ebenso unumstritten ist, dass unser Universum vor allem aus Energie besteht und dass Photonen auch über kilometerweite Entfernung eng miteinander verbunden sind. Energiearbeit, Fernheilung und Telepathie sind plötzlich erklärbar und werden irgendwann vielleicht genauso selbstverständlich sein, wie Fernsehen oder Telefonieren, wo die zeitgleiche Kommunikation über weite Entfernungen längst Alltag ist, obwohl die meisten sie nicht wirklich erklären können. Viele spirituelle Lehren und Praktiken rücken damit aus ihrem esoterischen Schattendasein heraus und erlangen die längst verdiente Aufmerksamkeit. In der Folge erleben immer mehr Menschen, wie ein spirituelles, nach innen gerichtetes Leben alles zum Positiven verändert, oder sie entdecken neue heilende, sehende und kreative Talente in sich.

So schmerzhaft unsere Trennung war, ich möchte nichts von dem, was mir passiert ist, wieder rückgängig machen, denn ohne diese Trennung hätte ich den Weg zurück zu mir selbst vielleicht nie mehr gefunden. Wäre das alles nicht passiert, ich würde bis heute nicht verstehen, wie einfach und universell Liebe eigentlich ist und welche Kraft jeder von uns hat, sie zu erleben. Und damit wird es am Ende so kommen, wie es das Beste für alle ist. Oder wie Gabby Bernstein es ausdrückt: *Das Universum steht hinter dir*. Man muss nur akzeptieren, dass der Weg zum Ziel nicht immer der ist, den man selbst gewählt hätte.

Dieses Buch setzt dort an, wo alles beginnt: bei uns selbst. Denn alles, was im Außen geschieht, hat seinen Ursprung in uns und reflektiert nur, was in unserem Inneren vor sich geht. Und nichts eignet sich besser, diese Erkenntnis näher zu beleuchten, als die Liebe.

Wo Liebe ist, ist auch Schmerz

Nirgendwo sind wir so verletzlich, so echt und so menschlich, wie in unserem tiefen Bedürfnis, geliebt zu werden und Liebe zu geben. Und nirgendwo anders scheitern wir so grandios – kein Wunder, dass die Literatur überquillt von tragischen Helden der Liebe. Doch die Liebe ist viel mehr als das was unsere romantikgetriebene Kultur daraus macht. Sie ist das universelle Prinzip, das uns alle verbindet und unser Menschsein überhaupt ausmacht.

Dennoch suchen viele Menschen verzweifelt nach Antworten, weil sie in der Liebe nicht weiterkommen. Denn es ist auch die Liebe, die unsere tiefsten Ängste und Verletzungen am schnellsten an die Oberfläche bringt. Gerade dort, wo die Verliebtheit und das romantische Glück besonders groß sind, werden wir schnell von der tiefsitzenden Angst eingeholt, den anderen wieder zu verlieren, nicht gut genug zu sein oder diese Liebe nicht verdient zu haben.

Tatsächlich lernt kaum jemand unsere Schattenseiten so gut kennen wie unsere Liebespartner. Eckhart Tolle spricht in diesem Zusammenhang vom sogenannten Schmerzkörper, der gerne in intimen Beziehungen zum Leben erweckt wird. Der Schmerzkörper erklärt, warum wir manchmal nach Monaten oder Jahren, meistens wenn eine Beziehung durch Zusammenziehen, Eheschließung oder Kinder in die nächste Phase geht, den Partner von einer ganz anderen Seite kennenlernen. Der einst liebevolle und aufmerksame Mensch bekommt plötzlich Tobsuchtsanfälle, ist krankhaft eifersüchtig, lügt oder hört auf, sein Alkoholproblem zu verbergen. In solchen Momenten fragen wir uns erschrocken, wie wir übersehen konnten, wer der andere hinter seiner liebenswerten Maske wirklich ist. Wir denken, nun sein oder ihr „wahres" Gesicht zu sehen. Doch wie Eckhart Tolle betont, ist dies eben nicht das wahre Gesicht, und die Liebe war auch keine Maske, sondern es ist nur der Schmerzkörper, der jetzt sichtbar wird und die Liebe verdeckt.

Der Schmerzkörper ist eine Art Parasit, den wir unser ganzes Leben mit uns herumtragen und der sich von unseren Ängsten und Verletzungen ernährt. Je öfter wir in unserem Leben enttäuscht und verletzt werden, desto größer wird er. Solange wir ihn ordentlich füttern, geht es ihm gut, und er gedeiht prächtig. Er ist jedoch in seiner Existenz bedroht, wenn wir aufhören, ihn mit Ängsten und Schmerzen zu füttern, denn dann droht er zu verhungern. Das ist meistens der Fall, wenn wir besonders glücklich sind – zum Beispiel, wenn wir uns im ersten Rausch der Verliebtheit befinden.

Damit der Schmerzkörper überleben kann, wird er dafür sorgen, dass er bald wieder Nahrung bekommt. Und so weckt er unsere schlechten Gefühle besonders gerne nach einer Zeit von Liebe und Glück, in denen Angst und Unglück weit weg waren. Und das ist der Moment, in dem der neue Partner plötzlich sein anderes Gesicht zeigt, einen Wutanfall bekommt oder sich in Eifersucht hineinsteigert. Besonders tückisch daran: Hat der Schmerzkörper nun endlich wieder Nahrung bekommen, wird er dafür sorgen, dass diese Nahrungsquelle nicht so schnell versiegt – und schon folgen dem einen Wutanfall ein zweiter und ein dritter, und irgendwann wird der Partner vielleicht gewalttätig oder überschreitet auf andere Weise die Grenzen des Beziehungslebens.

Der Schmerzkörper ist ein anschauliches und einfaches Erklärungsmodell für etwas, das sich auch physiologisch nachweisen lässt. Tatsächlich machen negative Gefühle – ebenso wie positive Gefühle – süchtig! Die Botenstoffe, die negative Gefühle in uns ausschütten, verursachen eine Abhängigkeit in unserem Gehirn und unserem Körper und sind dafür verantwortlich, dass wir von Liebe, Glück und Vertrauen plötzlich wieder in Angst, Aggression oder Misstrauen zurückfallen. Und jetzt beginnt eine Abwärtsspirale, in der unser Schmerzkörper immer mehr von den Drogen Angst, Schmerz oder Wut verlangt. Es sei denn, wir tun etwas dagegen.

Zu diesen Mechanismen gesellt sich dann auch noch die falsch idealisierte Vorstellung, die wir in der modernen westlichen Welt von einer perfekten Partnerschaft haben. Durch unsere hohen Ansprüche an uns selbst leben wir hier in ständiger Scham und Schuld. Auch wenn wir uns nach außen anders geben, denken wir ständig, wir sind nicht genug, haben nicht genug, strengen uns nicht genug an und tun nicht genug. Tief drinnen empfinden wir uns als mangelhaft, nicht liebenswert und nicht vollständig, und daher erwarten wir von unserem Partner, dass er oder sie uns vollständig macht. Wir suchen stets nach dem perfekten Gegenstück, das das mitbringt, was wir in uns selbst nicht finden – wir wollen den einen, den ganz besonderen Menschen an unserer Seite.

Diese Suche nach dem oder der einen ganz besonderen wird befeuert von unzähligen Liebesromanen und Hollywoodromanzen. Wir glauben, wenn wir diese eine Person gefunden haben, sind wir perfekt. Dabei merken wir nicht, dass wir so nur unser Ego füttern und uns von wahrer Verbundenheit immer mehr abtrennen. Wirkliche Verbundenheit bedeutet, dass wir alle eins und gleich vollkommen sind – und nicht, dass der eine besonders gut und vollständig ist und der andere nicht.

Doch gerade unser eigenes Gefühl von Unvollständigkeit treibt unsere Suche immer mehr an.

Unfähig uns selbst zu lieben, suchen wir jemanden, der das für uns übernehmen kann. Doch bevor wir uns nicht so annehmen, wie wir wirklich sind, kann das auch niemand anders tun. Solange wir uns selbst unvollständig finden, wird der andere uns am Ende immer vor Augen führen, wie unvollkommen unser eigenes Bild von uns selbst ist. Um das unliebsame Spiegelbild, das uns jetzt gezeigt wird, nicht ansehen zu müssen, laufen wir vor der Liebe weg. Oder wir klammern uns an die Liebe, erfüllt von der Angst, alles zu verlieren, wenn wir es nicht mit aller Kraft festhalten.

Besser wäre, sich das eigene Spiegelbild anzusehen, es anzunehmen und daran zu wachsen. Doch wenn etwas im Leben und in der Liebe nicht so läuft, wie wir es gerne hätten, wollen die meisten von uns möglichst schnell einen Ersatz finden und den alten Schmerz hinter sich lassen. Nach einer Trennung ist der neue Partner nicht nur Trost, sondern auch Triumph. Genauso tun wir es in anderen Bereichen. Ein neuer Job birgt die Hoffnung, endlich Anerkennung für die eigenen Fähigkeiten und Leistungen zu finden. Und Freunde, die uns nicht mehr guttun, müssen am besten aus unserem Leben entfernt werden. Von ungesunden, vielleicht sogar gewalttätigen und gefährlichen Beziehungen einmal abgesehen, da man hier wirklich den Selbstschutz voranstellen sollte, bedeutet dieses Verhalten jedoch nur, die eigene Chance zu innerem Wachstum nicht anzunehmen. Denn all diese jetzt unliebsamen Menschen und Umstände sind da, weil wir sie selbst ins Leben geholt haben. Sie existieren in unserem Leben, weil sie uns helfen sollen, an unseren Fehlern und Ängsten zu wachsen.

Manchmal ist nichts gegen einen Neuanfang einzuwenden, und oft werden Menschen glücklicher, wenn sie getrennte Wege gehen – auch solche Entscheidungen können Teil einer Lernaufgabe sein. Aber egal wie oft wir unsere Freunde, Partner oder den Job wechseln – immer nehmen wir uns selbst mit in die Veränderung. Und so werden wir am Ende immer nur uns selbst begegnen, es sei denn, wir fangen mit dem Wandel in unserem Inneren an.

Auch bei mir war es so. Als er damals in mein Leben trat, schien alles anders zu sein. Wir verstanden uns ohne Worte, wollten das Gleiche vom Leben und ich wusste nicht, warum wir diese Entscheidung nicht früher getroffen hatten. Die Unstimmigkeiten unserer letzten Beziehungen schienen schnell Schnee von gestern. Doch wir übersahen, dass wir immer noch dieselben Menschen waren und dass unsere Ängste und unser Mangeldenken nicht weg waren, nur weil im Außen jetzt alles so schön und harmonisch war. Also holte unser altes Ich uns ein, und plötzlich stritten wir nur noch oder schwiegen heikle Themen tot. Wir waren immer noch dieselben Menschen wie zusammen mit unseren Expartnern. Zwischen unseren letzten Beziehungen und dieser lagen weder Selbstreflexion noch innere Veränderung, sondern nur der Wunsch, die alte Beziehung hinter uns zu lassen und miteinander schnell ein neues Leben zu schaffen.

Und wenn ich ehrlich bin – ich habe mein halbes Leben lang nichts anderes getan, als wegzulaufen und woanders mein Glück zu suchen, egal ob es um Jobs, Freundeskreise, Wohnorte oder Beziehungen ging. Als auch diese Beziehung scheiterte, versuchte ich wieder, weiterzumachen, mich nach einem neuen Partner umzusehen und endlich das Leben zu erhalten, das ich mir so ersehnte. Doch zum ersten Mal scheiterte mein Versuch, einfach davonzulaufen. Ich versuchte es, aber es ging nicht. Ich hatte Dates, aber ich war nicht bereit für eine neue Beziehung. Etwas in mir zwang mich, allein zu bleiben und mir das, was das Leben mir so unbarmherzig zurückspiegelte, endlich anzusehen. Und dieses Mal wirklich etwas zu verändern.

Vollkommen unvollkommen

Wenn weglaufen keine Option ist und man nicht einfach die alte Situation durch eine neue ersetzen kann – was bleibt dann anderes übrig, als sich selbst zu ändern? Nicht nur in Beziehungen begegnen wir uns am Ende immer selbst: Alles, was uns im Leben passiert, beginnt in unserem Inneren. Solange wir nur die äußeren Umstände verändern, wird das Leben uns immer wieder die gleiche schmerzhafte Situation vor die Füße werfen – ganz egal, wie oft wir versuchen, der Situation zu entkommen, indem wir Jobs, Partner, Freunde oder den Wohnort wechseln. Leider fallen wir gerade bei besonders schmerzhaften Erlebnissen bevorzugt in alte Bewältigungsmuster zurück. Es sind Muster, auf die wir uns schon unser ganzes Leben verlassen haben, und die uns Sicherheit geben, auch wenn sie uns noch nie zum Ziel geführt haben: Der eine steigert sich in Eifersucht hinein, die nächste wird untreu, manche wechseln ihre Partner öfter als ihre Zahnbürste, und wieder andere vergraben sich in ihrer Arbeit. Diese Muster kennen nur ein Ziel: Das Erlebte soll verdrängt und möglichst schnell vergessen werden. Dabei übersehen wir, dass uns das Erlebte geschickt wurde, damit wir daran wachsen können.

Gerade in Beziehungskrisen ignorieren wir diese Chance nur zu gerne. Zwar wollen wir mit unserem Partner wachsen, wir wollen bedingungslose Liebe erleben und ein besserer Mensch werden, aber sobald es schwierig wird, greifen wir lieber die vermeintlichen Schwächen des anderen an, um bloß nicht unsere eigenen Fehler ansehen zu müssen. Gerade wenn es zu Enttäuschungen oder gar Betrug und Trennung kommt, ziehen wir uns auf Schuldzuweisungen zurück, anstatt unser eigenes Zutun kritisch zu hinterfragen.

Häufig fühlt sich der verlassene oder betrogene Partner dem anderen sogar innerlich überlegen. Dem Gegenüber wird dann alles Mögliche zugeschrieben: Bindungsangst, emotionale Unreife, Egoismus oder gar Narzissmus. Freunde und Familie bestätigen diesen Verdacht. Weil sie wollen, dass wir uns besser fühlen, beteuern sie nur allzu gerne, dass wir viel zu gut für ihn oder sie waren. Du verdienst etwas Besseres, sagen sie dann – und natürlich ist so etwas Balsam für die verlassene Seele.

Auch ich habe so etwas schon gehört. Ich habe das vielleicht im ersten Moment gerne gehört, denn auch mir hat es im Trennungsschmerz gutgetan. Gleichzeitig war mir immer bewusst, dass ich keinesfalls emotional reifer oder stärker war als irgendeiner meiner Expartner. Wie verdreht auch immer mein Gegenpart reagiert hatte, ich wusste, dass auch ich diese verdrehte Seite in mir trug – und dass auch mein Partner sie zu spüren bekommen hat.

Der Teil in mir, der sich in dieser Situation trotzdem überlegen fühlen möchte, ist der Teil, der in die Opferhaltung gegangen ist und darauf pocht, dass ihm großes Unrecht widerfahren ist. Natürlich versucht dieser Teil, sich moralisch und emotional überlegen zu fühlen. So bin ich zwar die Verlassene, aber immerhin habe ich Recht und Moral auf meiner Seite!

Doch ich war nie unter- oder überlegen. Tatsächlich suchen wir uns bevorzugt Partner aus, die in ihrem Inneren gleich weit entwickelt sind. Wir fühlen uns von innerlich ähnlichen Menschen stärker angezogen. Zum einen, weil wir nur mit ebenbürtigen Partnern auf Augenhöhe Stärken und Schwächen austauschen können. Zum anderen, weil unsere Seele spürt, dass in einer Beziehung auf geistiger Augenhöhe das größte Entwicklungspotenzial liegt. Die Feinheiten sind nur verschieden gelagert, und beide zeigen die eigene Reife nach außen anders. So wirkt manchmal einer weiter als der andere. Zum Beispiel kann jemand, der sehr extrovertiert und erfolgreich im Berufsleben ist, sehr reif auf andere wirken, während der Partner in Gesellschaft schüchtern und wenig eloquent wirkt. Doch hinter verschlossenen Wohnungstüren ist Letzterer vielleicht derjenige, der in Krisensituationen ruhig bleibt und Halt bietet.

Erst wenn wir diese Erkenntnis zulassen, können wir anfangen, aus den Fehlern unserer Beziehungen wirklich zu lernen. Viel zu häufig blockieren wir unsere eigene Weiterentwicklung, indem wir die Schuld für das Scheitern einer Beziehung in der vermeintlichen Unreife des anderen suchen. Was wir dabei übersehen, ist, dass wir den anderen bewusst ausgesucht haben, damit er oder sie uns perfekt ergänzt.

Wie im letzten Kapitel beschrieben, ist schon unsere Partnersuche ein Zugeständnis an unsere eigene gefühlte Unvollkommenheit. Unser Leben lang suchen wir jemanden, der uns vollständig macht. Uns selbst das zu geben, was uns fehlt, indem wir uns ändern und an uns arbeiten, ist viel anstrengender, als es von anderen zu erwarten. Haben wir den Richtigen gefunden, nehmen wir die Stärken des anderen in der ersten Verliebtheit als einen Teil von uns wahr und fühlen uns endlich ganz. Wenn wir selbst emotional verschlossen sind, kann uns ein betont offenherziger, liebevoller Partner zu einem ganz neuen Gefühl von Größe und Vollständigkeit verhelfen. Gleichzeitig genießen wir die Anerkennung, die der andere uns gibt, weil auch wir seine vermeintlichen Mängel durch unsere Stärken ausgleichen können.

In der ersten Verliebtheit sind es vor allem die Stärken, die der andere spiegelt. Wir sehen uns mit den Augen des anderen, und nach langer Zeit gefällt uns wieder, was wir sehen. Wir spüren, wie der andere unseren Humor bewundert, unser Äußeres mit den Augen verzehrt und uns als die liebevolle und vertrauenswürdige Person erkennt, die wir hoffen zu sein. Auch wir sehen nur die starken Seiten des anderen, die uns komplett machen. Wir sind verliebt und stolz, einen solchen Menschen an unserer Seite zu haben.

Doch irgendwann werden auch die Schwächen und Fehler beider Partner an die Oberfläche kommen. Und meistens sind die Schwächen eines Menschen eng verwandt mit seinen Stärken, da sie nur die andere Seite der Medaille darstellen. So war es vielleicht sehr schön, den anderen selbstlos zu umsorgen – doch jetzt übertreibt er es, und er könnte ja auch mal etwas für uns tun, oder etwa nicht? Und der starke und unabhängige Mann hat zwar ein sicheres Gefühl gegeben – aber wieso kann er nicht auch mal Gefühle zeigen?

Plötzlich mit Schwächen konfrontiert zu sein, wo man doch nach Vollkommenheit gesucht hat, ist nicht immer leicht. Gerade bei großer Verliebtheit und tiefen Gefühlen kann die Erkenntnis, dass der andere ein normaler Mensch mit Fehlern und Schattenseiten ist, ernüchternd sein. Und nun gesellt sich auch noch die Angst hinzu, dass der andere ebenso entdeckt, wie viele Mängel wir mit uns herumtragen. Mehr denn je befürchten wir jetzt, dass wir irgendwann auffliegen und der andere erkennt, wer wir wirklich glauben zu sein: ein mangelhaftes Wesen voller Schwächen und Fehler. Und je größer diese Angst, desto schneller wird der andere genau das zurückspiegeln. Unser Schmerzkörper wird wach und wir fangen an, in unsere alten Schutzmuster zurückzufallen. Wir klammern, laufen weg, lügen oder verletzen, und all das nur, um selbst nicht verletzt oder abgelehnt zu werden.

Dabei ist genau dies der Moment, in dem Heilung eintreten und wir zurück zur Liebe finden können. Der andere ist so gnädig, uns ein Spiegelbild unserer Ängste und unseres falschen Mangeldenkens zu zeigen, und das sollten wir dankbar annehmen. In unserer dualen Welt existiert alles in Gegensätzen. Wo Liebe ist, ist auch Angst. Wo Stärke ist, ist auch Schwäche. In unserem Wesenskern sind wir vollkommen, und wenn wir abgelehnt werden, reflektiert der andere nur, wie unvollkommen wir uns selbst fühlen – und nicht, wie wir wirklich sind. Alle Seiten von uns selbst und vom anderen zu kennen, ist eine Chance, uns so anzunehmen, wie wir nun einmal sind: vollkommen in unserer ganzen Unvollkommenheit.

Wenn wir das nicht verstehen und es als Chance zum Wachstum begreifen, können wir unseren

Partner noch so oft austauschen – das Spiegelbild wird immer wieder das gleiche sein und uns Angst und Mangel statt Liebe zeigen.

Seelenverwandtschaften

Solange in einer Beziehung die Stärken des Partners im Fokus sind, ist alles gut. Doch je mehr wir in der ersten Phase der Verliebtheit auf diese Stärken fokussiert sind, umso schneller kann sich alles ins Gegenteil wandeln – ein Pendel, das stark zur einen Seite schwingt, muss irgendwann auch wieder zurückschwingen.

Ich erinnere mich besonders gut daran, wie stark wir anfangs harmonierten. Wenn wir Arm in Arm gelaufen sind, gaben unsere Schritte den Gleichschritt unserer Herzen wieder. Wir liefen, als wären wir eins, und so fühlten wir uns auch. Beim Essen konnten wir die Hände nicht voneinander lassen und tagsüber die Gedanken nicht vom anderen fernhalten. Und immer wieder dieser Gleichschritt – niemand bewegte sich schneller als der andere, und keiner gab oder nahm zu viel. Rückblickend erschienen unser Leben und eine Reihe von Zufällen und Gemeinsamkeiten, als hätte das Universum schon immer daran gearbeitet, uns irgendwann zusammenzubringen.

Doch egal wie versunken wir in unser harmonisches Glück waren – es ging über Wochen und Monate gut, dann reichte ein winziger Funken, und die Büchse der Pandora wurde über uns geöffnet. Erst flogen uns seine Ängste um die Ohren, es folgten die ersten Streits und Ausflüchte, und dann waren meine Ängste wach. Hinzu kamen jede Menge Störenfriede von außen, die uns offenbar unser Glück nicht gönnten. Er begann sich immer mehr zu verschließen, und ich fing an zu klammern. Und egal was ich tat oder sagte, und wie sehr ich bereute, ihn versehentlich verletzt zu haben, es war zu spät. Er entglitt mir von Tag zu Tag mehr, flüchtete allein in den Urlaub, zu seinen Kumpels und zu seiner Ex, bis er komplett das Handtuch schmiss und kurze Zeit später in der nächsten Beziehung untertauchte. Ich blieb zurück mit dem Gefühl, jede Lebensenergie wäre aus mir herausgesaugt worden.

Dieser rasante und äußerst schmerzhafte Berg-und-Tal-Verlauf einer Liebesbeziehung passiert immer mehr Menschen. Was diese Menschen gemeinsam haben ist, ihrem hundertprozentigen Spiegel begegnet zu sein. Denn es gibt sie, die hundertprozentigen Spiegel, die dir in einem Moment das absolute Glück zeigen und die im nächsten Augenblick alles was du je gefühlt hast in Schutt und Asche legen. Solche Begegnungen finden auf tiefster Seelenebene statt und erschüttern dein Leben in den Grundfesten.

Seelenbegegnungen kommen in allen möglichen Facetten vor. Je nach Art der Beziehung werden verwandte Seelen als Zwillingsseelen, Seelenverwandte oder auch Dualseelen (englisch *Twin*

Flames) bezeichnet. Dabei sind die sogenannten Dualseelenbegegnungen die wohl heftigste Lektion, die einem die Liebe erteilen kann, denn hier werden jede noch so tiefsitzende Angst und jeder Schmerz unbarmherzig an die Oberfläche geholt.

Es ranken sich viele Geschichten und Theorien darüber, was Dualseelen sind, was sie kennzeichnet und was ihre Bestimmung ist. Eine Erzählung ist, dass Dualseelen ursprünglich Teile ein und derselben Seele waren, die jedoch vor der Inkarnation auf die Erde physisch getrennt wurden. Auf der sehnsuchtsvollen Suche nach ihrer verlorenen Hälfte begegnen sie sie sich im Leben und über mehrere Inkarnationen hinweg immer wieder.

Dualseelen werden auch häufig mit dem Prinzip von Yin und Yang gleichgesetzt, der männlichen und der weiblichen Energie, welche zusammen ein sich ergänzendes Ganzes ergeben. Dualseelen schwingen auf der gleichen energetischen Frequenz, jedoch an gegensätzlichen Polen. Dadurch werden bei der Begegnung enorme Energien freigesetzt, und das sowohl im positiven wie im negativen Sinne. Anfangs sind die Begegnung und das Zusammensein unendlich harmonisch und von Glück erfüllt. Man fühlt sich komplett und angekommen – das verlorene Puzzlestück scheint endlich gefunden, und noch ergänzen die gegensätzlichen Energien sich perfekt. So wie im Yin ein Stückchen vom Yang steckt, steckt auch im

Yang ein Stückchen vom Yin – daher erkennt man sich selbst im anderen wieder und fühlt sich ganz zu Hause.

Doch schnell macht sich die Dualität der beiden energetischen Pole bemerkbar, und beide Seelenpartner beginnen, sich ihre tiefsten Mängel, Schwächen und Ängste zu spiegeln. Wenn hier beispielsweise ein Partner besonders aufopfernd ist und die eigenen Bedürfnisse dem Partner zuliebe vernachlässigt, wird der andere dies durch besonders egoistisches Verhalten spiegeln. Wenn einer der beiden ein eher ängstlicher, vermeidender Mensch ist, wird der andere ihn nichts ahnend in angstauslösende Situationen bringen. Wo der eine keine Grenzen zieht, werden diese hemmungslos vom anderen überschritten, und wo einer kontrollieren will, pocht der andere auf seinem freien Willen. Das einst so harmonische System ist aus dem Gleichgewicht geraten und droht zu zerbrechen.

Häufig kommt es nach einer sehr kurzen, aber überaus glücklichen Zeit des Zusammenseins oder der offen gezeigten Zuneigung zu Lügen, Verleumdungen, Streit und Rückzug. Die bereits erwähnte Büchse der Pandora wird gnadenlos über den einst so glücklich Liebenden ausgeschüttet. Ängste, die bisher verborgen blieben, werden jetzt ans Licht gezerrt. Auf einmal lauern an jeder Ecke Auslöser für neue Verletzungen und Missverständnisse. Auch wenn niemand den anderen mit Absicht verletzt – im Versuch, sich selbst zu schützen, wird dem anderen unvermeidlich wehgetan. Über die Probleme reden, wie man es in einer Beziehung normalerweise tun würde, bringt überhaupt nichts. Im Gegenteil, jedes Wort ist ein neuer Auslöser für weitere Missverständnisse, noch größeres Misstrauen und neue Verletzungen. Konnte man vorher die Gedanken des anderen lesen, versteht man plötzlich kein Wort mehr von dem, was er sagt.

In der Folge geht einer der Partner immer mehr in den Rückzug. Er fängt an die Gefühle für den anderen zu verleugnen, verschließt sich, findet Ausreden und ergreift irgendwann komplett die Flucht – in der Regel direkt in die Arme des nächsten Partners. Von der Liebe, die er gestern noch empfunden hat, will er plötzlich nichts mehr wissen und redet bestenfalls noch von Affäre oder Freundschaft. Er versucht alles, die Kontrolle über das eigene Leben wiederzuerlangen, welche er durch die Gefühlsbetontheit der letzten Wochen oder Monate glaubt verloren zu haben. Ihm ist alles zu viel und er möchte einfach seine Ruhe vor dem anderen haben. Dieser Part wird im Englischen auch als *Runner* bezeichnet und repräsentiert die maskuline Energie in der Partnerschaft. Meistens ist dies auch biologisch der Mann.

Durch den plötzlichen und unerwarteten Rückzug spürt der andere – meistens die Frau – die eigene Verlustangst umso mehr und beginnt zu klammern. Sie wird versuchen, die Beziehung auf jeden Fall aufrechtzuerhalten. Um den anderen nicht zu verlieren, lässt sie sogar zu, dass die eigenen Grenzen überschritten werden. Sie verbiegt sich für den anderen oder läuft ihm hinterher – und natürlich treibt sie ihn mit diesem Verhalten nur noch mehr in die Flucht. Im Englischen wird dieser energetisch feminine Part treffenderweise als der *Chaser*, also der oder die Jagende, bezeichnet. Sie fühlt sich durch die Zurückweisungen des anderen verletzt und verlassen wie schon lange nicht mehr. War sie vorher durch die Begegnung noch voller Energie, wird ihr genau diese jetzt genommen. Auf einmal fühlt sie sich unvollständig und leer, bar jeder Freude und Lebensenergie.

Doch was zunächst eine für beide Seiten äußerst schmerzhafte Trennungserfahrung ist, ist eine Chance, die eigenen Mängel und Ängste durch das Verhalten des anderen zu erkennen, an die Oberfläche zu bringen und sie damit zu heilen. Denn die Verhaltensweisen, die die Beziehung zum Scheitern gebracht haben, spiegeln nur die selbstzerstörerischen Muster wider, die man schon sein ganzes Leben mit sich herumträgt – und die einem schon immer geschadet haben.

Diejenige, die am Ende so stark klammert und sich für den anderen verbiegt, hat vermutlich schon immer ein Problem damit gehabt, Grenzen zu ziehen und zu stark in die Gefühle zum anderen zu investieren. Dabei vernachlässigt sie in einer Partnerschaft schnell die eigenen Bedürfnisse, während sie sich immer mehr um die Bedürfnisse des anderen kümmert. Der andere dagegen hat eher ein Problem mit dem Kontrollverlust, der mit starken Gefühlen einhergeht. Um die Kontrolle zurückzubekommen, hört er auf, in die Gefühle zum anderen zu investieren, und stellt die eigenen Bedürfnisse in den Vordergrund. Das Verhalten der beiden begünstigt sich gegenseitig und schaukelt sich schnell hoch: Der eine gibt immer mehr an Gefühl und Aufmerksamkeit und fängt an, sich für die Bedürfnisse des anderen zu verbiegen, während der andere immer weniger gibt und sich vor allem um sich selbst kümmert.

Wichtig ist, dass niemand Schuld am Scheitern der Beziehung hat. Jeder verhält sich entsprechend seines gelernten Verhaltens, und jeder versucht nur, sich selbst mit den gewohnten Mechanismen vor Verletzungen zu schützen. Klammern und sich selbst hintenanstellen ist genauso ein Ausdruck von Angst wie Rückzug und Verleugnung, und beide Verhaltensweisen bedingen sich gegenseitig.

Am Ende geht es dabei um Energien: Das energetische System gerät aus dem Gleichgewicht, weil einer von beiden zu stark klammert und damit den anderen wegdrückt. Die beiden sind wie zwei Magneten, die richtig gepolt eine enorme Anziehungskraft aufeinander haben. Dreht man sie jedoch um, kann man noch so viel Kraft aufwenden – man wird es nicht schaffen, die beiden Magneten wieder zusammenzubringen. Der sogenannte Runner hat also gar keine Wahl – es ist ihm einfach nicht mehr möglich, mit dem anderen zusammenzubleiben, viel zu sehr drückt dieser ihn mit seiner Energie weg. Im Außen bedeutet dies, dass sich plötzlich für den Runner viele Gründe finden, vom anderen wegzulaufen, seien es Eifersucht, Ärger über das Verhalten des anderen, plötzliche Gefühle für die Expartnerin oder ein Verschieben der Prioritäten, weg von der Beziehung und hin zur Arbeit – um nur ein paar Beispiele zu nennen. Da die Energie entscheidend ist, bringen Reden oder Kompromisse finden hier auch nichts. Erst wenn die Energie wieder im Gleichgewicht ist, kann Annäherung wieder stattfinden.

Da es vor allem um Energie geht, kann derjenige, der wegläuft, auch irgendwann derjenige sein, der dem anderen hinterherläuft, und andersherum. Im Grunde hat auch niemand mehr Angst als der andere – es reagieren nur beide anders auf die Angst, nämlich einmal mit Klammern und einmal mit Weglaufen. Zwar lässt sich beobachten, dass der Wegläufer häufig derjenige mit den größeren inneren Verletzungen ist und schneller von seinen

Ängsten beherrscht wird als der andere, während sie noch wacker an der Beziehung festhält und länger im Vertrauen bleibt. Doch beide werden am Ende von ihrer Angst gesteuert und versuchen in irgendeiner Form, den anderen zu kontrollieren. Sie versucht, ihn aus der Verlustangst heraus festzuhalten, indem sie sich für ihn verbiegt und ihre Grenzen überschreiten lässt, und er versucht, seine Angst zu beruhigen, indem er die Gefühle wegschiebt und seinem Verstand die Kontrolle über sein Leben gestattet.

Am Ende wird das Verhalten der beiden helfen, die eigenen Ängste und Schutzmechanismen zu heilen und auch die Energie wieder ins Gleichgewicht zu bringen. So kann das offen verletzende Verhalten des maskulinen Parts, das häufig mit Lügen, Verleugnen und Vertrauensbrüchen einhergeht, dafür sorgen, dass der feminine Part endlich lernt, die eigenen Grenzen klarer zu ziehen und wieder mehr an die eigenen Bedürfnisse zu denken. Spätestens der Trennungsschmerz wird ihr zeigen, dass sie bisher keine oder zu schwache Grenzen gezogen hat und seine Bedürfnisse über ihre eigenen gestellt hat.

Er wiederum hat nun die Chance, sich mit seinen Gefühlen auseinanderzusetzen, anstatt vor ihnen immer wieder davonzulaufen. Auch wenn er höchstwahrscheinlich derjenige war, der die Beziehung beendet hat, so ist die Trennung auch für ihn schmerzvoll und wird ihn immer daran erinnern, dass sein übermächtiges Bedürfnis, Gefühle mit dem Verstand zu kontrollieren, die Menschen verletzt, die ihn am meisten lieben.

Man muss nicht seiner Dualseele begegnet sein, um diese Mechanismen zu kennen. Die Prinzipien, die hinter einer Dualseelenbeziehung stehen, sind am Ende für alle Beziehungen relevant. Wenn Beziehungen scheitern, wird das sensible System häufig durch diese sich gegenseitig bedingenden Verhaltensweisen gestört. Menschen, die stark zum Klammern neigen oder sich zu sehr an den Partner anpassen, suchen sich meistens jemanden, der sich bei Schwierigkeiten eher zurückzieht und niemals so schnell seine eigenen Bedürfnisse der Partnerschaft unterordnen würde.

Doch am Ende geht es um viel mehr. Dualseelen zeigen besonders deutlich die Mechanismen auf, die unsere Seele schon das ganze Leben in Gang zu bringen versucht, um uns zu uns selbst und zu bedingungsloser Liebe zurückzuführen – und das kann jeder erfahren, der sich darauf einlässt. Die Energie ins Gleichgewicht zu bringen, bedeutet noch viel mehr als die Gelegenheit, alte Wunden und Verhaltensweisen zu heilen. Es geht darum, in seine Seele und zu wahrer Lebensfreude zurückzufinden, anstatt sich weiter von seinen angstbasierten Gedanken und Gefühlen geißeln zu lassen. Es bedeutet, dankbar im Hier und Jetzt prä-

sent zu sein und so die Energien und magneti-
schen Wirkungen auszugleichen, die aus den negativen Gedanken und Gefühlen von Vergangenheit
und Zukunft gespeist werden.

Eine Dualseelenliebe ist die Liebe, die nie zu
vergehen scheint, egal wie sehr man es versucht
und immer wieder aufs Neue loslässt. Die Dualseele zu verlieren, fühlt sich an, als hätte man die
Liebe an sich verloren – als sei sie einfach aus dem
eigenen Leben verschwunden oder hätte dort nie
hingehört. Diese Erfahrung ist schmerzhaft wie
wenig anderes und lässt gerade den verlassenen
Part erst einmal in ein großes schwarzes Loch fallen.

Doch genau in dieser Dunkelheit scheint plötzlich ein winziges Licht. Man spürt, dass die Liebe
zu diesem Menschen einfach nicht aufhört, egal,
wie sehr er einen verletzt, hintergangen oder im
Stich gelassen hat. Wo normalerweise ein paar
Wochen oder Monate nach der Trennung die Gefühle langsam schwächer werden, damit man sich
irgendwann nur noch milde an die einstige Verliebtheit erinnert, wird die Liebe zu diesem Menschen nur noch stärker. Damit hat man den Pfad
zu wahrhaft bedingungsloser Liebe betreten. Man
hat einfach keine Wahl, als diesen Menschen so zu
lieben und anzunehmen, wie er nun einmal ist –
auch wenn es anfangs unglaublich wehtut und
einem nichts anderes übrigbleibt, als ihn loszulas-

sen. Und diese bedingungslose Liebe ist ein Geschenk, das man am Ende mit sich selbst und allen anderen Menschen teilen wird.

Auch wenn die letztendliche harmonische Wiedervereinigung mit der Dualseele – und das ist möglich – für viele Betroffene ein äußerst wichtiges Ziel ist, ist das nicht der eigentliche Grund der Begegnung. Wenn es so wäre, gäbe es keinen Grund, dass so viele Probleme auftauchen. Der eigentliche Grund ist der Weg zurück zu unserem göttlichen Ursprung und zur bedingungslosen Liebe. Denn auf Seelenebene lieben diese beiden sich so oder so, egal ob sie getrennt oder zusammen sind. Doch sie haben nun die Chance, diese bedingungslose Liebe auch an andere Menschen weiterzugeben – und das tun sie, wenn sie anfangen, ihren Schmerz spirituell zu heilen. Viele, die diesen Weg gehen, beginnen ihr gesamtes Leben zu transformieren. Das Verhältnis zur Familie verbessert sich, in längst kaputten Ehen werden überfällige Entscheidungen getroffen, viele finden endlich ihre Berufung und wechseln in ein komplett neues berufliches und soziales Umfeld. Andere heilen von schweren Traumata aus der Kindheit oder entdecken ganz neue Talente in sich. Mangelnde Selbstliebe löst sich auf und Glaube, Vertrauen und Liebe nehmen einen zentralen Platz im Leben ein.

Und so verbindet einen diese Liebe mit allen Menschen. Bedingungslose Liebe lässt sich nicht nur mit dem Dual erfahren, sondern es ist ein universelles, göttliches Prinzip, das uns allen innewohnt und uns zu Menschen macht.

Ich selbst bin immer wieder mit der Nase darauf gestoßen worden, vielleicht meinem Dual begegnet zu sein. Allein die kurze Phase heftigen Glücks und totalen Vertrauens auf beiden Seiten, gefolgt von plötzlichem Rückzug, Verleugnung und Flucht zu anderen Partnern, die ich erlebt habe, sind typisch. Angeblich verrät uns sogar die starke physiognomische Ähnlichkeit rund um unsere Augenpartie. Meine Schwester, die ebenfalls jemandem begegnet ist, den sie als ihre Dualseele erkannt hat, hat uns nur auf einem glücklichen Strandfoto zusammen gesehen und unsere baldige Trennung erahnt, während wir noch ahnungslos auf Wolke Sieben schwebten.

Für mich steht die Frage, welche Art von Seelenverwandtschaft uns verbindet, nicht so sehr im Vordergrund wie das Gefühl und das Erlebte an sich. Doch dass hier Seelenverträge am Werk sein könnten, half mir zu verstehen, dass das, was zwischen uns passiert ist, nur eine Folge unserer tiefsitzenden Ängste und unserer mangelnden Selbstliebe war und dass niemand etwas falsch gemacht hat.

Mir war schnell klar, dass die Prinzipien der Dualseelenbeziehung universell sind, wenn sie auch in anderen Beziehungen weniger stark ausgeprägt sind. Die Chance auf inneres Wachstum verbirgt sich eigentlich hinter jeder schmerzhaften Trennung, denn irgendeine Form von Karma und Seelenverwandtschaft ist immer am Werk. Der andere hat die eigenen Wunden und Ängste an die Oberfläche gebracht, und die sollten wir ansehen, anstatt immer nur auf die Fehler des anderen zu schauen. Meine Verhaltensmuster, die ich in der Beziehung mit ihm erkannt habe, habe ich nicht nur hier gezeigt – sie sind nur schneller und schmerzhafter an die Oberfläche gekommen. Ich habe die Tendenz, mich zu verbiegen und die Bedürfnisse des anderen über meine eigenen zu stellen, in mehreren Beziehungen erlebt. Im Nachhinein stellte sich genau das als das stärkste Muster meines Lebens heraus, denn auch im Beruf habe ich dieses Verhalten gerne an den Tag gelegt. Von daher brauchte ich mich auch nicht zu wundern, dass ich es nie geschafft hatte, meiner eigentlichen Berufung zu folgen, sondern mich lieber für die Erwartungen anderer verbogen habe. Solche Muster lassen sich überall erkennen, und viele Beziehungen, die man führt, können einem diese zurückspiegeln. Der Unterschied zu Dualseelen ist jedoch, dass einem der hundertprozentige Seelenpartner solche Schmerzen zufügt, dass man irgendwann keine andere Wahl mehr hat, als sich nach innen zu wenden und sich selbst zu ändern, anstatt das Glück weiter im Außen zu suchen.

Wenn einem so etwas passiert, hilft es natürlich, zu sehen, dass es viele andere gibt, die das Gleiche erlebt haben. Am Ende muss jeder für sich herausfinden, weshalb einem eine solche Begegnung widerfahren ist und was daraus zu lernen ist. Dabei wünschen sich die meisten, dass sie irgendwann auch wieder mit dem geliebten Menschen zusammen sein werden, andere zweifeln daran oder wissen, dass dies nie so kommen wird.

Eins ist klar: Eine Dualseelenbeziehung funktioniert, im Gegensatz zu vielen anderen Beziehungen, nicht aus dem Ego heraus. Wer nicht zurückfindet zu bedingungsloser Liebe, wer nicht vergeben und das Glück in sich selbst finden kann, und wer somit nicht in der Lage ist, den anderen wirklich freizulassen, der wird die Dualseelenbeziehung nicht leben können. Wo andere Partnerschaften sich im Auf und Ab zwischen Streit, Eifersucht, Kontrolle und Kompromissen einpendeln können, funktioniert diese Liebe nur in einem bewussten Zustand von bedingungsloser Liebe. Daher gerät diese Beziehung auch so schnell aus dem Gleichgewicht und daher bringen Reden und Kompromisse finden hier auch nichts. Diese Menschen können nur wieder zusammenfinden, wenn die Energien vollständig im Gleichgewicht sind, und das wiederum geschieht nur, wenn beide an sich arbeiten und die Liebe in sich selbst finden.

Ich weiß, wovon ich spreche. Auch wir haben zurückgeguckt und uns beide gefragt, ob wirklich alles vorbei ist und es nicht doch noch eine Chance gibt. Seine Flucht hat auch ihn nur auf sich selbst zurückgeworfen und mich am Ende wieder zu ihm geführt. Aber wir haben unseren Weg zu uns selbst noch nicht beendet, und den gehen wir nun erst mal weiter. Alles andere wird sich zeigen.

Aber ich bin sicher, dass jeder, der diesen Weg weitergeht, am Ende zu der bedingungslosen Liebe zurückfinden wird, die tief in der eigenen Seele verborgen liegt. Und diese Liebe steht allen Menschen offen.

Liebe verurteilt nicht

Die Ängste, die die Liebe und unsere tiefsten Seelenbegegnungen hervorbringen, tragen wir unser ganzes Leben mit uns herum und erschweren es uns, Liebe wirklich zuzulassen. Von jemandem verletzt zu werden, dem man vertraut hat und von dem man einmal gedacht hat, er würde mit seiner Liebe alle bisher erlittenen Verletzungen heilen, ist vermutlich der schwerste Brocken, den man bei einer Trennung zu verarbeiten hat. Als Folge entsteht häufig noch mehr Angst, die wir in die nächste Beziehung mitnehmen. Da wir inzwischen dicke Mauern aufgebaut haben, lassen wir die Liebe nicht zu, werden erneut verletzt und sehen uns in unserer Angst bestätigt. Wir verschließen uns immer mehr, versuchen zu kontrollieren, klammern oder steigern uns in Eifersucht hinein, und der Kreislauf der Angst geht weiter. Doch anstatt die Ursache in unserer eigenen Angst zu erkennen, werden wir wütend auf den anderen, weil er uns das alles antut.

Doch andere Menschen verletzten uns selten mit Absicht, sondern aus den gleichen unvollkommenen Gefühlen von Angst heraus, die uns selbst innewohnen. Genau wie wir suchen andere Menschen nach Liebe und haben einfach keinen anderen Weg gelernt als den, den sie im Zweifelsfall wählen. Sie tun einfach das, was sie im entscheidenden Moment für das Beste halten, um weniger Angst zu spüren und die Liebe zu bekommen, die sie sich wünschen.

Eine der größten Blockaden, die wir gegen die Liebe aufgebaut haben, ist die Angst vor unserer eigenen Unzulänglichkeit. Egal wie erfolgreich, schön, reich oder beliebt wir sind – tief im Inneren halten wir uns für fehlerhaft und unvollständig. Daher suchen wir einerseits nach der großen perfekten Liebe, die uns vollständig macht. Andererseits glauben wir, dieser Liebe aufgrund unserer eigenen Unvollkommenheit nicht gewachsen zu sein.

Diese gefühlte Unvollkommenheit macht uns Angst. Unser ganzes Leben versuchen wir, sie vor uns und vor anderen zu verbergen. Wir tun alles, um Fehler und Schwächen nicht zugeben zu müssen. Wir übertünchen sie mit unserem Status, unserem Besitz, unseren Reisen, Hobbys, Kindern, Freunden und mit unseren Partnern. Wir legen uns eine bestimmte Weltsicht zu, um uns selbst passend und richtig zu finden, und wir verurteilen jeden, der diese Weltsicht nicht teilt.

Gerade in der Liebe hoffen wir auf eine geteilte Weltsicht. Hier wollen wir perfekt aussehen und auf keinen Fall unsere Unvollkommenheit zugeben. Doch ausgerechnet in der Liebe tritt unsere Unvollkommenheit so schnell zutage wie sonst nirgendwo. Und damit wir nun unsere eigenen

Mängel nicht zugeben müssen, suchen wir diese nur zu gerne beim Partner, sobald die Wirkung der rosaroten Brille der Verliebtheit nachlässt oder die erste Krise am Horizont auftaucht.

Andere zu verurteilen ist eine unserer leichtesten Übungen, nicht nur in der Liebe. Wir urteilen den ganzen Tag – und das im positiven wie im negativen Sinne. Wenn wir morgens aufstehen, urteilen wir über das Wetter, den Geschmack des Kaffees und die Konsistenz des Brötchens. Wir regen uns über den üblichen Berufsverkehr auf, hören dabei die Nachrichten und regen uns wieder auf. Oder wir freuen uns, weil wir gutheißen, was in den Nachrichten berichtet wird. Wem nicht bewusst ist, wie häufig man eigentlich über etwas oder jemanden urteilt, der sollte mal einen Tag lang jedes positive und negative Urteil aufschreiben, das er über seine Umwelt und über andere fällt – das Ergebnis ist verblüffend. Verwunderlich ist es nicht, schließlich haben wir von Kindesbeinen an gelernt, die Welt in Gut und Schlecht zu teilen, zu allem eine Meinung zu haben und das Verhalten anderer kritisch zu hinterfragen.

Das ist in vielen Lebenssituationen auch sinnvoll, denn wenn wir nicht ab und an unsere Umwelt kritisch bewerten würden, hätte die Menschheit kaum bis heute überlebt. Doch unsere Urteile haben den lebenserhaltenden Zweck längst überschritten. Denn sie definieren uns. Sie zeigen uns und anderen, wer wir sind, was wir denken und wozu wir stehen. Unser Hang zum ständigen Urteilen zeigt auch, wie sehr wir die Fehler im anderen suchen und unsere eigenen verstecken wollen. Urteile entspringen unserem Ego und grenzen uns von anderen ab. Wir erheben uns auf diese Weise über andere und lenken von dem tiefsitzenden Gefühl der eigenen Unvollkommenheit ab.

Jedes Urteil ist damit ein Schritt weg von Liebe und Verbundenheit. An dem Ausmaß, mit dem wir über die Welt und über andere urteilen, zeigt sich, wie bewusst wir sind. Bewusstsein bedeutet, hier und jetzt anwesend zu sein und sich nicht von urteilenden Gedanken vom Glück des Augenblicks ablenken zu lassen.

Auch positive Urteile trennen uns vom anderen. Wenn wir etwas als gut bewerten, z. B. eine politische Strömung, tun wir dies häufig, um unsere eigene Weltsicht zu stärken und uns von anderen Ansichten abzugrenzen. Ebenso können positive Urteile dazu führen, dass wir uns selbst herabsetzen, z. B., wenn wir jemand anders als besonders klug oder schön bewerten. Gleichzeitig betrachten wir auch unser eigenes Verhalten stets kritisch. In einem Moment verurteilen wir uns selbst aufs Schärfste, im nächsten fühlen wir uns im Recht, obwohl wir wissen, dass wir es nicht sind.

Mit diesen Urteilen starten wir häufig schon in unsere Liebesbeziehungen. Gerade in großer Verliebtheit bewerten wir den anderen besonders positiv und sind überzeugt, den besten, klügsten, schönsten oder liebenswertesten Partner zu haben. Damit beginnen wir bereits, das Trennungsgefühl vom anderen zu verstärken. Anstatt uns auf die innere Verbundenheit zum anderen zu konzentrieren, fokussieren wir uns auf die Eigenschaften, welche den anderen besonders machen. Damit haben die Urteile Einzug in die Liebe erhalten. Und wo Urteile entstehen, bekommt die Liebe irgendwann Risse. Denn wir spüren auch, wie der andere uns genauso beurteilt – in der ersten Verliebtheit noch sehr positiv, und irgendwann fängt er an, unsere Fehler aufzudecken. Wir bekommen immer mehr Angst, unsere innere Unzulänglichkeit könnte auffliegen. In der Folge beginnen wir, uns immer mehr zu verteidigen, und das können wir am besten, indem wir den anderen attackieren, beschuldigen und die Aufmerksamkeit auf seine statt auf unsere Fehler lenken. Doch dem anderen bleibt nichts verborgen. Gerade da, wo wir unsere Schwächen fühlen und sie auf keinen Fall preisgeben wollen, werden wir besonders stark vom anderen gespiegelt.

Häufig verurteilt man den anderen dort am schärfsten, wo entweder man selbst oder der andere tief drinnen die größten Schmerzen hat – diese jedoch erfolgreich verdrängt, immer in der Hoffnung, die eigenen Unzulänglichkeiten würden nicht auffallen. Dort wo wir die roten Knöpfe des anderen drücken, und da wo unsere eigenen roten Knöpfe sitzen, liegen vielleicht Ängste und Verhaltensmuster vergraben, die wir nicht wahrhaben wollen und gerade deshalb leidenschaftlich verteidigen.

Ich konnte ihm lange nicht verzeihen, dass er mich bei der ersten Schwierigkeit verlassen und so schnell mit der nächsten Frau ersetzt hat, wo ich selbst noch nicht einmal an einen anderen Partner denken konnte. Und natürlich verurteilte ich ihn dafür. Nächtelang regte ich mich darüber auf, wie er das, was zwischen uns war, so schnell vergessen konnte – und natürlich beschimpfte ich ihn in diesen Momenten als unreif und oberflächlich. Doch irgendwann wurde mir klar, dass genau dieses Verhalten von ihm meine eigene größte Angst widerspiegelte, nämlich nicht gut genug und austauschbar zu sein.

Zum anderen wusste ich, dass dies der Punkt sein musste, der auch ihn im tiefsten Inneren am meisten schmerzte. Ich hatte in sein Herz gesehen – und dort war die Sehnsucht nach bedingungsloser Liebe, die Fehler verzeiht und zusammen mit dem anderen wächst, genauso stark wie in mir und in jedem von uns. Dass er mich dennoch so schnell austauschte, war nichts weiter als seine eigene Suche nach der Liebe, und er hatte das Recht, diese Suche so zu gestalten, wie er es für richtig hielt. Ich hatte ihn immerhin losgelassen und überhaupt kein Recht mehr, darüber zu urteilen, wie er mit dem Trennungsschmerz umging.

Die Suche nach Liebe und die Angst, sie nicht zu bekommen, wohnen in jedem von uns, und dafür können wir uns nicht gegenseitig verurteilen. Angst wirft uns regelmäßig aus der Liebe heraus, und vermutlich hatte er tief drinnen die gleiche Angst, austauschbar zu sein, wie ich – er ging damit nur anders um. Nach und nach akzeptierte ich, dass unser beider Ängste zu diesem schmerzhaften Verhalten geführt hatten. Als ich das verstanden hatte, konnte ich langsam aufhören, ihn permanent zu verurteilen. Leider ist es einfacher, sich in die Urteile über den anderen hineinzusteigern, als im Verhalten des anderen auch die eigenen Ängste zu erkennen.

Die Befreiung aus der Opferrolle

Unsere Tendenz, alles und jeden zu verurteilen, dient vor allem einem: unserem Ego. Urteilen erlaubt uns, uns über andere zu erheben und uns so stärker zu fühlen. Mehr noch gestattet uns das ständige Urteilen, in eine Opferrolle zu flüchten, wo wir eigentlich Verantwortung übernehmen sollten. Auch ich habe mich lange in der Opferrolle versteckt und innerlich scharfe Urteile über sein Verhalten gefällt. So konnte ich wenigstens für kurze Zeit so tun, als sei ich einfach zu gut für ihn. Er hatte mir vielleicht das Herz gebrochen, aber die moralisch Überlegene war natürlich ich! Das Opfer war ich obendrein, schließlich war ich die Verlassene – und das Opfer ist immer im Recht!

Diese selbstgerechte Einstellung und der Glaube, man sei dem anderen moralisch überlegen, macht sich schnell breit, wenn man verlassen, betrogen oder sonst wie verletzt wurde. Niemand kann abstreiten, dass wir Mitleid verdienen und dadurch automatisch im Recht sind – so glauben wir zumindest. Die Opferrolle ist wie ein warmer Mantel, der uns in solchen Momenten tröstet, und mit der moralischen Keule können wir uns erfolgreich gegen das wehren, was der andere uns angetan hat.

Doch all das ist nichts weiter als eine verzweifelte Überlebensstrategie unseres verletzten Egos. Weil wir uns erniedrigt fühlen, versuchen wir alles, um wieder in eine überlegene Position zu gelangen, und das gelingt uns am besten, indem wir mit unserer Opferhaltung Recht und Mitleid auf unsere Seite ziehen. Unser Ego versucht verzweifelt, uns wenigstens moralisch über den anderen zu stellen, damit wir aufhören können, uns klein und unbedeutend zu fühlen.

Doch alles, was der andere uns angetan hat, ist in uns selbst entstanden. Dass mein Expartner mich so schnell gegen eine andere Frau eingetauscht hat, hat deshalb so wehgetan, weil dies mein Leben lang meine größte Angst war: austauschbar und nicht gut genug zu sein und den anderen sowieso zu enttäuschen. Nur weil ich diese Angst hatte, klammerte ich am Ende so stark und versuchte ihm alles recht zu machen. Er wiederum spiegelte meine Ängste perfekt und begann genau in dem Moment, in dem ich mich nicht mehr gut genug fühlte, sich von mir ab- und anderen Frauen zuzuwenden. Nein, das ist kein schönes Verhalten, aber ich habe diesen Spiegel gebraucht, um ein für alle Mal zu erkennen, dass ich natürlich gut genug und auf keinen Fall austauschbar bin. Ohne diesen Schmerz hätte ich das nie erkannt.

Auch umgekehrt wurde ich von ihm für Dinge verurteilt, von denen ich weiß, dass sie aus seinen Ängsten und Erfahrungen entstanden sind und ich diejenige war, die ihm den Spiegel vorgehalten hat. Auch er hatte Angst, dass ich ihn hintergehe und nicht zu ihm stehe – und die kam aus seinem Inneren und seinen Lebenserfahrungen. Sie hatten ihren Ursprung nicht in meinem Verhalten oder gar meinen Gefühlen für ihn, doch seine Ängste fanden trotzdem die passende Resonanz. Seine Zweifel schufen auch bei mir Verhaltensweisen, die ihn mit der Nase auf seine größten Ängste sto-ßen sollten.

Wenn wir jemanden verurteilen, verurteilen wir am Ende immer uns selbst. Niemand behandelt uns ohne Grund in einer bestimmten Weise, sondern die Ursache liegt in uns und in unseren Urteilen über uns selbst.

Wie im Außen, so im Innen

Schon als unsere Beziehung begann, habe ich angefangen, vieles in meinem Leben infrage zu stellen. Diese Liebe fühlte sich so rein an, dass ich plötzlich ein riesiges Bedürfnis hatte, eine bessere Version meiner selbst zu werden. Ich stellte meinen Umgang mit meiner Familie infrage und ärgerte mich, dass ich meine Freundschaften nicht besser pflegte. Ich wollte hilfsbereiter werden und mehr für andere da sein. Ich wollte Liebe in alle Richtungen verteilen und ein besserer Mensch sein. Tatsächlich veränderte ich mich, und die Veränderungen wurden auch von anderen wahrgenommen.

Doch irgendwann sickerten sie durch, die ganzen Schwachstellen und Mängel, die sich über Jahre und Jahrzehnte in meinem Leben breitgemacht hatten. Alles, was in meinem Berufsleben nicht stimmte, sprudelte plötzlich an die Oberfläche und störte unser Beziehungsleben. Alle Ungereimtheiten meiner letzten Beziehung holten mich ein, und alles, was sich zwischen meiner Familie und mir aufgebaut hatte, stand plötzlich zwischen mir und ihm. Und bei der Trennung sagte er deutlich, dass ich wohl noch einiges in meinem Leben zu klären hatte.

Ich verstand zunächst überhaupt nicht, was das alles mit uns zu tun haben sollte, zumal ich im ersten Trennungsschmerz natürlich der Meinung war, dass er lieber mal bei sich selbst aufräumen sollte. Doch nach und nach wurde mir klar, dass diese Beziehung in allen Lebensbereichen mein Spiegel war. Denn vieles lief nicht so, wie ich es eigentlich wollte. Aber durch die Beziehung mit ihm habe ich mich eine Weile darüber hinwegtäuschen können. Anstatt mein Leben mit voller Kraft anzugehen, habe ich mich mit seinem abgelenkt. Die gemeinsame Zeit mit ihm, unsere Reisen in sein Ferienhaus, seine Freunde, seine Kinder, seine Hobbys – all das hatte von einem Tag auf den anderen einen Großteil meines Alltags dargestellt. Natürlich hatte ich auch noch meine Freunde, mein Pferd, meinen Beruf und eigene Interessen – aber das große Bild stimmte einfach nicht mehr, und das hatte ich versucht, mit dem Glanz unseres neuen Beziehungslebens zu übertünchen. Die Beziehung hielt mich perfekt davon ab, dort genau hinzusehen, wo ich schon seit Schulzeiten nicht hinsehen wollte, nämlich, dass ich endlich meine Berufung als Autorin leben wollte, dass ich nicht für eine Karriereleiter im Unternehmen geboren war und aufhören wollte, immer nur die Erwartungen anderer zu erfüllen. Die Beziehung zu ihm und seiner Familie verschleierte, dass ich mich nach einer erfüllten Beziehung zu meiner eigenen Familie sehnte und dass ich den Wunsch nach

Kindern immer den Wünschen anderer untergeordnet hatte. Heute erkenne ich klar und deutlich, dass er mich damals freigelassen hat, damit ich endlich zu mir selbst zurückfinde – und das war ein größerer Akt der Liebe, als es ein Fortführen der Beziehung zum damaligen Zeitpunkt hätte sein können.

Eine Beziehung ist ein deutlicher Spiegel der Blockaden, die wir gegen die Liebe errichtet haben. Doch sie kann noch viel mehr zutage bringen, da sie verschiedene Aspekte unseres Lebens und unseres Alltags berührt, sei es unsere Beziehung zu unseren Eltern, unsere Unzufriedenheit im Beruf oder unsere allgemeine Unfähigkeit, Kritik anzunehmen und mit Konflikten umzugehen. All das wird uns in einer engen Beziehung schnell gespiegelt.

Doch auch, wenn man die anderen Aspekte des Lebens separat betrachtet, so entpuppt sich am Ende alles als ein Spiegel. Ob Freundschaften, Familie, Beruf, Hobbys, zufällige Begegnungen, die dörfliche Gemeinschaft und freudige Ereignisse – oder globale Ereignisse wie Naturkatastrophen, Hungersnöte, Krieg oder Umweltverschmutzung: Sie alle sind Teil unseres ganz eigenen Universums und zeigen uns im Außen, was tief in uns drin verborgen ist.

Wenn man im Beruf nicht vorankommt, liegt es wirklich am ungerechten Chef, der die eigene Leistung nicht würdigt, oder gibt es etwas in einem selbst, das den Aufstieg gar nicht will? Vielleicht ist dort schon lange der Wunsch verborgen, endlich etwas anderes zu machen?

Und was ist mit der Kollegin, die uns ärgert, weil sie sich immer wieder krankmeldet und uns die Arbeit hinterlässt? Ich habe mich schon oft über so etwas geärgert. Denn ich habe mich fast nie krankgemeldet. Erstens bin ich selten krank, und zweitens würde ich nie wegen ein bisschen Unwohlsein zu Hause bleiben. Doch ich weiß nicht, was mich daran wirklich ärgert. Vielleicht würde ich mich beim nächsten Kopfschmerz auch mal gerne ausruhen, anstatt mich zur Arbeit zu überwinden. Vielleicht liebe ich auch die Anerkennung, weil ich so zuverlässig bin und mich so schön aufopfern kann?

Es ist nicht immer leicht einzusehen, dass das, was uns von außen zustößt, aus einem selbst heraus entstanden sein soll. Unsere Opferhaltung steht dem genauso im Weg wie unsere Tendenz, andere zu verurteilen und zu bewerten. Wenn unser Partner uns betrügt, trösten Schuldzuweisungen viel mehr als die Frage, was in einem selbst dieses Verhalten des Partners hervorgerufen haben kann.

Doch der Spiegeleffekt zeigt sich überall. Die ganze Welt ist am Ende nichts anderes als ein großer Spiegel unserer selbst. Klimawandel, politische

Krisen, Verbrechen und Unwetter – alles reflektiert nur das Innere der Menschheit und damit auch unser eigenes Inneres. Natürlich ist die Einsicht, dass wirklich alles und damit auch Vergewaltiger, Kriege oder Tierquälerei etwas mit dem eigenen Inneren zu tun haben sollen, schwer verdaulich. Es geht aber auch nicht darum, das gesamte eigene Innere mit den Geschehnissen zu identifizieren, sondern vielmehr, die Anteile zu erkennen, die sich im Spiegelbild der Außenwelt zeigen. Um ein Beispiel zu nennen: Massentierhaltung und der Billigfleischkonsum regen mich auf. Ich kann nicht verstehen, dass jemand das massenhafte Leid, das wir Tieren mit unserem übertriebenen Fleisch- und Milchkonsum antun, noch in Kauf nimmt. Deshalb lebe ich mittlerweile auch überwiegend vegan – aber auch ich habe schon viel Fleisch gegessen und Milch getrunken in meinem Leben. Auch ich habe dieses Tierleid mit verursacht, und meine Umwelt spiegelt mir nur diesen Anteil zurück. Auch wenn ich mein Verhalten schon immer kritisch gesehen und mittlerweile stark geändert habe – wenn mich andere Menschen aufregen, weil sie ihren Fleisch-konsum nicht hinterfragen wollen, weiß ich, dass ich mich dabei vor allem über meine eigene Ver-gangenheit als Fleischesserin ärgere.

Natürlich kann diese Suche nach den eigenen Anteilen schmerzhaft werden. Wer als Kind miss-braucht oder misshandelt wurde, wird sich selbst-verständlich nicht so einfach die eigenen Anteile daran ansehen wollen. Doch was, wenn aus dieser neuen Perspektive eine ganz neue Macht über das eigene Leben entsteht? Was, wenn wir uns so endlich nicht mehr als Opfer der Umstände oder anderer Menschen betrachten müssen, sondern selbst in der Hand haben, was uns zukünftig zustößt und was nicht?

Das Erkennen der eigenen Anteile hat nichts damit zu tun, sich selbst die Schuld für etwas zuzuschreiben. Im Gegenteil. Vieles im Leben passiert uns, weil Anteile in uns noch geheilt werden müssen. Und wem etwas besonders Traumatisches wie ein Gewaltverbrechen widerfährt, der hat vermutlich schon länger große Wunden in sich getragen, die nun mehr und mehr an die Oberfläche gedrängt werden. So hat das missbrauchte Kind vielleicht vorher schon an Demütigung oder Missachtung gelitten, war nur immer zu brav oder angepasst, um diese Wunden nach außen zu kommunizieren. Mit einem traumatischen Erlebnis wie einem Missbrauch gibt es nun immer weniger Möglichkeiten, das eigene Leid zu verstecken: Die inneren Wunden drängen zusammen mit dem neuen Schmerz brutal an die Oberfläche, in der Hoffnung, jetzt endlich die längst überfällige Aufmerksamkeit zu bekommen und geheilt zu werden.

Wer das eigene Zutun zu den äußeren Ereignissen erkennt, stößt nicht selten auf schmerzhafte

Wunden oder Erkenntnisse, die tief im Unterbewusstsein vergraben sind. Doch wer diese Perspektive zulässt, kann auch unsere ursprüngliche Rolle als Gestalter des eigenen Universums annehmen. Der Weg aus der Opferrolle bedeutet, die Macht über das eigene Leben zurückzuerlangen. Viel zu häufig ist unser Innerstes voll mit traumatischen und schmerzhaften Erinnerungen, die wir jeden Tag aufs Neue im Außen widergespiegelt bekommen. Wenn wir aufhören, den Erinnerungen ständig neue Nahrung zu geben, können wir sie endlich dort lassen, wo sie hingehören: in der Vergangenheit. Dann hört auch die Gegenwart auf, unsere Erinnerungen ständig im Außen zu spiegeln, und so können wir unsere Zukunft neu gestalten.

Alles beginnt in dir

Sich selbst als die Ursache für äußere Umstände zu begreifen, ist leichter gesagt als getan. Unser Ego neigt dazu, ins alte Muster zurückzufallen und die Schuld lieber anderen zuzuweisen. Das ist eine Gewohnheit, die uns seit Kindesbeinen vertraut ist. Jemand beleidigt uns, fährt uns auf der Autobahn hinten auf oder stiehlt unser Portemonnaie, und schon steht es außer Frage, dass wir das Opfer und vollkommen unschuldig sind. Unser eigenes Zutun wollen wir nicht sehen, auch wenn wir vielleicht wissen, dass wir zu abrupt gebremst haben, im Supermarkt verträumt im Weg rumgestanden oder unser Portemonnaie nachlässig in der Gesäßtasche getragen haben.

Manchmal zeigt sich das eigene Zutun schnell, wenn man einmal bewusst an die Geschehnisse herangeht. Manchmal aber auch nicht. Dann müssen wir tief graben, um zu erkennen, wo wir vielleicht etwas zum unglücklichen Verlauf einer Sache beigetragen haben. In wieder anderen Fällen erkennen wir auch nach langem Nachdenken nicht, was in uns so etwas provoziert haben soll. Das ist aber auch nicht schlimm, denn wir müssen unseren Part nicht immer klar erkennen. Ganz im Gegenteil, das können wir häufig gar nicht, weil unser Anteil so tief im Unterbewusstsein vergraben ist, dass wir ihn gar nicht greifen können. Die

Gründe verstecken sich förmlich vor uns – nur leider hindert sie das nicht daran, unser tägliches Handeln und Reden zu beeinflussen. Und so nehmen unsere unbewussten Gedanken und Gefühle auch Einfluss auf unsere Beziehungen und verändern sie, ohne dass wir es zunächst merken.

Man geht davon aus, dass 95 Prozent unserer Persönlichkeit vom Unterbewusstsein geprägt sind. Das heißt, der allergrößte Teil der Einstellungen, Handlungsmuster, Ängste, Vorlieben und Erinnerungen, die wir in unserem täglichen Handeln zum Ausdruck bringen, ist vor unserer Wahrnehmung versteckt. Unter den ganzen Gedanken und Handlungen, die wir bewusst wahrnehmen, befindet sich ein Vielfaches mehr an unbewussten Gedanken. Diese unbewussten Erinnerungen kochen unbemerkt in der Tiefe vor sich hin. Doch ab und an steigt ein Bläschen von ihnen hoch an die Oberfläche und manifestiert sich als Realität in unserem Leben.

Erinnerungen sammeln sich so unbemerkt in uns an und beeinflussen alles, was wir tun und auch die Menschen, die uns begegnen – kurz: unser gesamtes Universum, so wie wir es erleben. Denn die Realität spiegelt immer und ausnahmslos unsere Gedanken und unsere Gefühle, egal ob sie bewusst oder unbewusst sind. Wir sind, was wir denken, und Geist ist Materie. Wenn es im Leben nicht gut läuft, stecken nicht die anderen dahinter, sondern unsere Gefühle und unsere Gedanken, die im Außen greifbare Gestalt annehmen. Die gute Nachricht dabei ist: Wir haben die Macht, unser Leben mithilfe unserer Gedanken und Gefühle zu verbessern. Denn alles ist Energie: unsere Gedanken, unsere Gefühle, unser Körper, das Haus, in dem wir wohnen, die Bäume und Autos in unserer Straße – kurz, das gesamte Universum. Und alles, was wir tun müssen, ist, die Energieflüsse wieder ins Gleichgewicht zu bringen.

Gleiches zieht Gleiches an. Dies besagt das Gesetz der Anziehung, auch als Resonanzgesetz bekannt. Gedanken und Gefühle sind demnach energetische Schwingungen, welche gleiche energetische Schwingungen anziehen. Negative Gedanken und die damit verbundenen Gefühle erschaffen eine negative Wirklichkeit, während positive Gedanken Positives in unsere Welt bringen.

In der Liebe erklärt es, warum es eine Zeit lang immer nur bergauf geht, um dann irgendwann immer weiter bergab zu gehen. Auch in unserer Beziehung ging es erst immer weiter aufwärts, ein Tag war schöner als der andere und ich hatte das Gefühl, das Glück würde jeden Tag ein bisschen größer werden. Dann reichte plötzlich ein falscher Gedanke und ein falsches Wort, und die Abwärtsspirale war im vollen Gang. Woanders im Leben erklärt das Gesetz, warum Reiche immer reicher und Arme immer ärmer werden – auch hier zieht Gleiches Gleiches an.

Dieser energetische Mechanismus ist spätestens seit dem Film *The Secret* bekannt. Er hat viele Menschen dazu inspiriert, durch bewusste Fokussierung auf positive Gedanken eine positive Realität zu erschaffen, und bei vielen Menschen funktioniert es. Bei anderen jedoch nicht.

Einer der Gründe, warum das Gesetz der Anziehung nicht immer zu funktionieren scheint, ist unser riesiges Unterbewusstsein. Egal wie positiv meine Gedanken an der Oberfläche formuliert sind – ich weiß nie, wie viele negative Gedanken und Emotionen in meinem Unterbewusstsein schlummern und quasi heimlich eine negative Realität manifestieren. Solange wir gefüllt sind mit unbewussten negativen Erinnerungen, werden wir immer wieder die gleiche, von Ängsten und Mängeln geprägte Realität erschaffen. Das Gesetz der Anziehung wird immer dafür sorgen, dass wir mit den negativen Schwingungen in unserem Inneren auch Negatives in unserer Realität erschaffen.

Wer schon ewig allein ist und sich einsam fühlt, wacht jeden Morgen mit den gleichen Selbstzweifeln, negativen Glaubenssätzen und schmerzhaften Erinnerungen im Unterbewusstsein auf. Ohne dass er oder sie es bemerkt, gestalten diese unbewussten Erinnerungen nun den gesamten Tag, und es ist sehr wahrscheinlich, dass man am Abend genauso einsam ist, wie man es schon am Morgen war. Auch wenn ich deutlich sage, dass ich mir eine liebevolle Beziehung wünsche, unbewusst aber glaube, immer allein zu bleiben, reagiert das Gesetz der Anziehung und schickt mir mehr von diesem Gefühl und dem Alleinsein. Und wenn ich schon immer reich sein wollte, mein Leben aber immer von Geldmangel geprägt war, fällt es mir vermutlich schwer, das Gefühl von Fülle und Reichtum in mir zu finden und es so im Außen zu manifestieren. Stattdessen sind meine Gedanken, bewusst und unbewusst, immer wieder von dem Gefühl der ständigen Geldsorgen geprägt. In der Folge bekomme ich auch im Außen neue Gelegenheiten für Geldsorgen geschickt, auch wenn ich versuche, mich gedanklich immer wieder auf Reichtum zu fokussieren. Auch chronische Krankheiten oder psychische Leiden können so aufrechterhalten werden.

Das Gesetz der Anziehung kann nicht nicht funktionieren. Wenn wir uns auf etwas Positives konzentrieren, ist nicht ausgeschlossen, dass unsere unbewussten Einstellungen immer noch negativ sind und so unsere Realität beeinflussen. Mehr noch wird unser misstrauisches Unterbewusstsein dafür sorgen, dass wir den Mangel im Fokus behalten und nicht das, was wir uns wirklich wünschen.

Das hört sich erst einmal ziemlich niederschmetternd an. Das Gesetz der Anziehung ist zwar ein wunderbares Werkzeug, um unser Leben zu verbessern und in Freude, Glück und Harmonie zu gelangen. Aber wenn wir nur so wenige unserer Anteile bewusst erkennen können – wie sollen wir dann unsere Realität selbstverantwortlich und positiv gestalten können? Wenn unser Unterbewusstsein einen solch starken Anteil hat, dann sind wir ihm doch hilflos ausgeliefert – so sollte man meinen.

Auch ich kann mich erinnern, dass ich sehr lange zuversichtlich und so voller Glück und Liebe war, dass ich den Gedanken gar nicht zuließ, irgendwer oder irgendetwas könnte uns auseinanderbringen. Mein Unterbewusstsein, das die Verlustangst schon lange spürte, nahm ich dabei nicht wahr und wurde entsprechend überrascht, als im Außen plötzlich alles zerbröckelte.

Doch nicht umsonst beschäftigen sich Psychologen, Neurologen und viele andere schon lange mit der Frage, wie man das Unterbewusstsein erreichen und verändern kann, und auf deren Erkenntnisse sollten wir zurückgreifen.

Ich liebe dich, ich danke dir, verzeih' mir

Hypnose, NLP, Mentaltechniken, Psychoanalyse, schamanische Heilreisen usw. – die Liste der Ansätze, die sich mit dem Unterbewusstsein beschäftigen, ist lang. Tatsächlich liegt hier aber auch der Schlüssel für eine wirkliche Veränderung der eigenen Erlebenswelt.

Eine sehr empfehlenswerte Methode zur Reinigung des Unterbewusstseins ist die Hypnose. In der Hypnose wird das Unterbewusstsein quasi neu sortiert und auf die Botschaften des Hypnotisierenden hin ausgerichtet. Negative Gedanken, Gefühle und Blockaden können so aufgelöst und verändert werden. Wer dies ausprobieren möchte, sollte sich an einen ausgebildeten Hypnosetherapeuten wenden. Es gibt auch im Internet gute Hypnosen zu allen möglichen Themen, jedoch sei hier erwähnt, dass Hypnose nicht ganz risikolos ist und bei bestimmten körperlichen oder psychischen Erkrankungen nicht oder nur unter medizinischer Aufsicht durchgeführt werden sollte. Auch können durch tiefer gehende Hypnosen Traumata aus dem Unterbewusstsein hochgeholt werden, die aus gutem Grund dort verborgen waren. Kommen sie nun an die Oberfläche, kann dies eine enorme Belastung für die Psyche darstellen und bedarf kompetenter Betreuung.

Eine weitere effektive, dabei aber für jeden geeignete Methode, das eigene Unterbewusstsein und damit die Realität zu ändern, ist die moderne Form des hawaiianischen Vergebungsrituals Ho'oponopono. In seiner traditionellen Form ein gegenseitiges Vergebungsritual, das innerhalb der Familie abgehalten wurde, stellt die moderne Variante eine mächtige Form der Selbstvergebung dar, welche das Unterbewusstsein reinigen, göttliche Inspiration erlauben und wirkliche Veränderung möglich machen soll.

In der modernen Variante, wie sie maßgeblich von Dr. Hew Len gelehrt und praktiziert wird, wird unser Unterbewusstsein frei gemacht von Erinnerungen, damit sie aufhören, unsere Realität und die Menschen in unserem Leben zu beeinflussen. Nach Dr. Hew Len sind unsere Erinnerungen immer und ausnahmslos die Verursacher unserer Realität. Dies gilt auch für Menschen, die gar nicht aktiv mit uns interagieren, sondern einfach nur Teil unseres Lebens sind.

Dr. Len und die ursprünglich von Morrnah Simeona entwickelte Lehre erlangte besondere Aufmerksamkeit in der Öffentlichkeit, nachdem Dr. Len als Therapeut in einem Gefängnis für psychisch kranke Schwerverbrecher durch seine Methode nicht nur große Heilung bei den als hoffnungslos geltenden Insassen bewirkt hatte, sondern insgesamt die unzumutbaren Arbeitsbedingungen in dem verrufenen Gefängnis drastisch veränderte. Das Bemerkenswerte daran war nicht nur der hohe Grad der unerwarteten Verbesserungen, sondern vor allem die Tatsache, dass Dr. Len keinen seiner Patienten je persönlich traf. Er las lediglich ihre Karteikarten und führte dabei das Ho'oponopono-Ritual durch. Er ging davon aus, dass die Gefangenen, weil sie nun einmal Teil seines Lebens waren, nur seinetwegen diese Probleme zeigten, und deshalb konnte er nichts anderes tun, als sich selbst von den ganzen Erinnerungen zu reinigen, die diese Schwierigkeiten bei den Insassen des Gefängnisses verursachten. Er hatte diese Häftlinge durch seine Erinnerungen in sein Leben gerufen, und deshalb war er und nur er zu hundert Prozent verantwortlich dafür, dass diese ihre Schwierigkeiten loswurden.

Um sich selbst von diesen Erinnerungen zu reinigen, tut Dr. Len vor allem eins. Er sagt das folgende Mantra immer wieder zu sich selbst:

Ich liebe dich.

Es tut mir leid.

Bitte verzeih mir.

Ich danke dir.

Mit diesem Mantra werden Erinnerungen im Unterbewusstsein gelöscht. Der sogenannte Nullzustand wird geschaffen – ein Zustand, der völlig frei von Erinnerungen ist und damit wieder alle möglichen neuen Realitäten zulässt. Wo keine Erinnerungen an schwere Probleme sind, kann etwas ganz Neues entstehen. Und das Neue ist nichts Geringeres als pure göttliche Inspiration.

Als ich selbst dieses Mantra ausprobierte, um endlich die zermürbenden Gedanken an meinen Expartner loszuwerden, zeigte es schnell seine Wirkung. Plötzlich erkannte ich, was ich alles zum Scheitern unserer Beziehung beigetragen hatte. All die Mauern, die ich selbst gegen die Liebe errichtet hatte und es ihm unmöglich gemacht hatten, je wirklich in mein Herz zu sehen, wurden plötzlich sichtbar. Je öfter ich die Worte sagte, desto mehr verschob sich meine Perspektive und umso schwerer wurde es, die alte Opferhaltung einzunehmen. Ich sah plötzlich Bilder aus meiner Erinnerung vor meinen Augen und hörte von mir gesagte Worte, die ich längst verdrängt hatte.

Allein dieser Effekt ist enorm. Doch bei Ho'oponopono geht es um mehr. Denn eigentlich sind die Worte, die man sagt, nicht an das Gegenüber gerichtet, mit dem man ins Reine kommen will. Auch wenn diese Person der Auslöser sein kann und man das Verhältnis am Ende heilt, so sind die Worte selbst an das schöpferische Universum und die Göttlichkeit gerichtet.

Mit *Ich liebe dich* erinnert man sich an die ursprüngliche göttliche Liebe, die man immer schon in sich getragen hat.

Mit *Es tut mir leid* drückt man sein Bedauern darüber aus, dass man diese Liebe vergessen hat.

Bitte verzeih mir drückt den Wunsch aus, von allem gereinigt zu werden, was diese Liebe blockiert.

Und dann bedankt man sich für die göttliche Inspiration, die man nun anstelle der alten Erinnerungen erhält und die das Leben verändern wird: *Ich danke dir.*

Durch die Reinigung des Unterbewusstseins mit Ho'oponopono öffnet man sich der göttlichen Inspiration und lässt neue Möglichkeiten zu. Ziel ist es, zunächst den besagten Nullzustand zu erreichen, im Englischen *Zero* genannt. Dieser Nullzustand ist wie ein unbeschriebenes Blatt unseres Lebens, von dem sämtliche Erinnerungen einfach gelöscht wurden. Und dieses weiße, unbeschriebene Blatt kann nun neu beschrieben werden. Wir können uns eine neue Realität kreieren, anstatt jeden Morgen unhinterfragt in den Spiegel unseres Unterbewusstseins zu blicken und die gleichen Sorgen und Mängel vom Vortag weiterzuleben.

Natürlich versuchte ich das Ritual nicht nur in meinem Liebesleben. Auch meine Arbeit verlangte Veränderung. Also ging ich von nun an in kein Meeting mehr, ohne ein paar Mal mein

Ho'oponopono aufgesagt zu haben. Anfangs fühlte es sich komisch an. Wenn ein kritisches Meeting anstand, war es viel leichter, es von vornherein mit negativen Gedanken zu sabotieren. Daher musste ich mich anfangs auch zwingen, immer wieder *Ich liebe dich, es tut mir leid* in meinem Kopf zu wiederholen. Doch die Wirkung war sofort zu spüren! Unzufriedene Kunden waren wieder glücklich mit unserer Leistung, und in unlösbaren Situationen taten sich Lösungen auf. Wenn das Ritual irgendwo nicht wirkte, dann nur, weil ich es nicht anwandte.

Ho'oponopono ist nur eine von vielen Möglichkeiten, sich eine neue Realität zu schaffen. Die Quantenphysik hat Einzug ins Coaching, in die Medizin, die Neurologie und die Psychologie erhalten. Ob Quantenheilung, die Techniken von Dr. Joe Dispenza oder Access Consciousness®: All diese Ansätze gehen davon aus, dass wir unsere Realität nur durch unser Unterbewusstsein und unser eingeschliffenes Denken aufrechterhalten, während wir alle Möglichkeiten in der Hand haben, uns jetzt und hier für eine neue Realität zu entscheiden. Doch dafür müssen wir das Alte komplett los- und hinter uns lassen, und wir müssen dem Neuen Raum geben. In der Sprache der Quantenphysik müssen wir in ein anderes Quantenfeld wechseln.

Das was wir jeden Morgen im Außen sehen und als unsere Realität wahrnehmen, ist nichts anderes als ein Abbild unseres Inneren. Sobald wir uns entscheiden, im Innen anders zu sein, können wir eine neue Wirklichkeit erschaffen. Wenn wir frei sind von all den unbewussten Gedanken und Gefühlen, die wir im Laufe unseres Lebens in uns angesammelt haben, dann kann der Spiegel unserer Wirklichkeit wieder unser wahres Wesen spiegeln. Und unser wahres Wesen ist göttlich, rein und kreativ und in der Lage, uns die Realität zu erschaffen, die wir wirklich erschaffen wollen.

Wer sein Innerstes befreit und die volle Verantwortung für das übernimmt, was ihm im Außen passiert, für den wird die Zukunft mehr sein als ein endloses Spiegelkabinett der Vergangenheit. Für den eröffnen sich neue Welten, die der eigenen göttlichen Schöpferkraft entspringen. Und damit stehen auch wahrer, bedingungsloser Liebe wieder Tür und Tor offen.

Wo Vergebung wirklich anfängt

Nichts verunreinigt unser Unterbewusstsein so sehr wie mangelnde Vergebung. Es kommt nicht von ungefähr, dass Vergebung ein zentrales Element vieler Religionen und Kulturen ist, wie dem Christentum oder dem Buddhismus. Auch Ho'oponopono ist ursprünglich ein Vergebungsritual unter Familienmitgliedern. Es geht darum, zwischenmenschliche Beziehungen durch Aussprache, Reue, Schuldbekenntnis, Gebet und Vergebung zu reinigen und wieder in Ordnung zu bringen.

Spirituelles Wachstum ist ohne Vergebung nicht möglich. Vergebung ist der Weg zur bedingungslosen Liebe. Gleichzeitig ist wirkliches Vergeben eine der schwierigsten Aufgaben, die manche Menschen zu bewältigen haben. Gerade, wenn es um besonders traumatische Erfahrung wie Gewalt oder Missbrauch geht, kann Vergebung eine Lebensaufgabe sein, die manch einer niemals bewältigt.

Wichtig ist, dass vergeben nicht gutheißen bedeutet. Ein Ja zur Vergebung bedeutet dennoch ein Nein zur Tat an sich. Vergebung bedeutet, sich selbst von Leid zu befreien, welches das Festhalten an den negativen Gefühlen der Vergangenheit bedeutet. Ohne Vergebung fesseln wir uns selbst an unser Leid – und damit auch alle Menschen um uns herum.

Vergebung bedeutet vergessen. Jemandem nicht zu vergeben heißt, dass Geschehene lebendig zu halten. Und was wir in unserer Gegenwart lebendig halten, tragen wir von der Vergangenheit in die Zukunft. Das Gesetz der Anziehung sorgt auch hier dafür, dass sich negative Gedanken und Emotionen immer wieder neu in unserem täglichen Leben manifestieren. Und so werden uns andere Menschen immer wieder spiegeln, dass wir noch einen Groll mit uns herumtragen. Anstatt eine neue Perspektive und eine neue Realität zuzulassen, werden wir immer wieder das Leid der Vergangenheit durchleben.

Und so ist es auch in unseren Beziehungen. Trennungen, Betrug oder andere Enttäuschungen führen dazu, dass wir mit dem Groll gegen unseren letzten Partner in die nächste Beziehung gehen. Anstatt das Geschehene erst einmal loszulassen, tragen wir es in die neue Beziehung und lasten dem neuen Partner oder der neuen Partnerin die schwierige Aufgabe an, das Geschehene wiedergutzumachen. Doch was ist, wenn unser Partner genau diesen Groll widerspiegelt? Was, wenn unser Festhalten am vergangenen Unglück nur wieder neues Unglück provoziert? Dann finden wir uns plötzlich in der gleichen Situation wie vorher wieder, und wir fragen uns: Warum passiert das immer mir?

Wer nicht vergeben kann, hält das Vergangene für die Zukunft lebendig und die Seele kann keine Befreiung erleben. Eine Seele, die keine Befreiung erleben darf, wird sich jedoch immer wieder neue Gelegenheiten suchen, um endlich heilen zu dürfen – sie wird uns den Spiegel vorhalten, so lange, bis wir es endlich verstanden haben.

Doch wie vergibt man seinem Partner, der einen belogen, betrogen oder verlassen hat? Ausgerechnet der Mensch, den man am meisten geliebt und dem man vertraut hat, wie wenigen sonst, hat einen verletzt. Es ist schwer, das einfach zu vergessen.

Auch mir ist das Vergeben schwergefallen, selbst wenn mir vom ersten Tag an klar war, dass er mich nicht willentlich verletzt hat. Doch was gab es zu vergeben, wenn das, was er getan hatte, nur ein Spiegel meines eigenen Inneren war? Ja, er hat meine Grenzen überschritten, aber ich habe meine Grenzen auch bereitwillig überschreiten lassen – aus Angst, ihn sonst zu verlieren. Und ja, er hat sich egoistisch verhalten und am Ende nur noch an sich gedacht – doch ich hatte ebenfalls vergessen, an mich zu denken. Mit dieser Erkenntnis wurde mir klar, dass es niemanden gab, dem ich mehr vergeben musste als mir selbst.

Wer vergeben will, entwickelt Mitgefühl. Und mit dem Mitgefühl kommt die Erkenntnis, dass der andere die gleichen Motive von Liebe und Angst hat wie man selbst. Daher muss man vor allen Dingen sich selbst vergeben, weil man sich von der Liebe abgewandt und von der Angst hat leiten lassen. Doch die eigenen Wunden und Fehler anzusehen ist viel schmerzhafter und mühsamer, als alles dem anderen in die Schuhe zu schieben.

Aber wenn uns der Groll nicht loslässt, sollten wir der vorwurfsvollen Stimme in unserem Kopf zuhören. Denn sie will nichts mehr, als dass wir uns selbst vergeben. Sie will uns unsere Wunden zeigen, damit wir heilen können. Sie will uns sagen, wo unsere eigene Angst liegt, damit wir sie endlich überwinden können. Sie möchte uns unsere Schwächen zeigen, damit wir irgendwann lernen, stark zu sein.

Der Groll, der tief in uns drin ist, kommt häufig zurück, wenn unser Glück am größten und die Liebe am stärksten scheint. Kein Mensch kann unseren Schmerz so unbarmherzig ans Tageslicht zerren wie jemand, den wir wirklich lieben. Niemand stellt uns so sehr auf die Probe wie jemand, von dem wir uns wünschen, dass er uns mit all unseren Fehlern und Schwächen liebt. Doch gerade diese Menschen verletzen uns immer wieder, und sie tun es, weil wir innerlich noch nicht geheilt sind und es ihre Aufgabe ist, uns das zu zeigen.

Diese Chance zur Heilung sollten wir annehmen. Wir müssen aufhören, unsere eigenen Fehler, und Ängste aus Scham verstecken zu wollen. Wenn wir uns nicht mehr wütend verteidigen, damit der andere unsere Fehler bloß nicht sieht, kann echte Vergebung geschehen. In diesem Moment fällt eine Riesenlast von uns ab, denn den anderen ständig zu attackieren verbraucht unglaublich viel Energie. Und wenn wir anderen Menschen gestatten unsere Fehler zu sehen, werden auch sie uns zeigen, dass sie nie aus böser Absicht gehandelt haben, sondern aus dem gleichen Versuch heraus, ihre Fehler zu verstecken. Und jetzt gibt es vielleicht auch nichts mehr, was wir unserem Gegenüber vergeben müssen. Dann müssen wir nur noch uns selbst vergeben, um uns endlich freizulassen.

Es läuft immer wieder auf eines hinaus:

Ich liebe dich.

Es tut mir leid.

Bitte verzeih mir.

Ich danke dir.

Liebe bedingungslos

Vergebung ist die Grundlage bedingungsloser Liebe. Wenn wir uns und anderen vergeben und Fehler vergessen können, leben wir Liebe ohne Bedingungen. Doch was genau ist mit bedingungsloser Liebe eigentlich gemeint? Wir alle wünschen uns, bedingungslos geliebt zu werden, aber die wenigsten wissen wirklich, was sie damit genau meinen. Wir reden viel davon, aber trotzdem beginnt und endet fast jede Beziehung, die wir führen, mit Bedingungen. Ein romantisches Date wird mit Argusaugen bewacht: Ist er aufmerksam genug? Hält er mir die Autotür auf und ist pünktlich zu unseren Verabredungen? Hat sie sich für das Date extra hübsch gemacht? Schaut sie gerade dem Typ am Nachbartisch hinterher?

Kommt es zur Beziehung, werden die Bedingungen nicht weniger, eher im Gegenteil. Ruft er oft genug an? Kocht er auch mal für mich? Erwartet er, dass ich den Haushalt mache? Ist sie liebevoll und oft genug bereit zu Sex?

In romantischen Beziehungen ist es eine ungeschriebene Vereinbarung, die Liebe an Bedingungen zu knüpfen. Fühlen wir uns schlecht behandelt oder vernachlässigt, akzeptiert fast jeder, dass wir auch die Beziehung infrage stellen. Oder wir stellen sie nicht infrage, aber andere raten uns dazu, die Beziehung zu überdenken – manchmal auch zu Recht.

Anders sieht es bei der Liebe zwischen Eltern und Kindern aus. Hier wird bedingungslose Liebe vorausgesetzt – eine Mutter liebt ihr Kind, so wie es ist, mit Fehlern und Mängeln. Doch auf der anderen Seite versuchen viele Menschen ihr Leben lang, die Erwartungen ihrer Eltern zu erfüllen, gerade weil sie sich eben nicht bedingungslos geliebt fühlen. Unzählige Berufe werden von Menschen ergriffen, die eigentlich etwas anderes machen, aber ihre Eltern nicht enttäuschen wollen. In vielen Kulturen werden Ehen geschlossen und Kinder gezeugt – den Eltern oder der Familienehre zuliebe, obwohl man sich vielleicht ein anderes Leben mit einem anderen Partner wünscht. Tatsächlich prägt kaum etwas so sehr wie der lebenslange Wunsch, die Liebe und die Anerkennung der Eltern nicht zu verlieren. Bedingungslosigkeit sieht anders aus.

Doch sind es die Eltern oder unsere Partner, die die Bedingungen an uns stellen, oder sind wir es, die diese Bedingungen an uns selbst haben? Schauen wir nicht auch hier in den Spiegel und finden nur unsere eigenen Bedingungen wieder?

Mir hat das Thema bedingungslose Liebe seit unserer Trennung das meiste Kopfzerbrechen bereitet. Denn einer der Gründe, warum unsere Beziehung gescheitert war, war doch, dass ich zum

Ende unserer Beziehung hin immer mehr zugelassen habe, dass er meine Grenzen überschritt. Ich habe meine eigenen Bedingungen immer mehr in den Hintergrund gestellt und dafür versucht, seine Bedingungen zu erfüllen. Die ganzen Verletzungen und Ausflüchte am Schluss – hätte ich nicht eher noch härtere Bedingungen aufstellen sollen oder zumindest darauf bestehen, dass die Bedingungen, die ich hatte, erfüllt wurden? Ich konnte mir nicht vorstellen, dass bedingungslose Liebe die Lösung sein sollte, wenn es so weh tat, dass meine Bedingungen missachtet worden waren.

Die Lösung fand ich auch hier erst, als ich ihn als meinen Spiegel betrachtete. Wenn er meine Bedingungen missachtet hatte, hatte ich selbst vielleicht damit angefangen? Bei genauerem Betrachten war ich von Anfang an davon ausgegangen, dass ich bestimmte Bedingungen zu erfüllen hatte, um seine Liebe nicht zu verlieren. Überhaupt war meine tiefe Überzeugung, dass ich Liebe nur verdient hatte, wenn ich die Bedingungen des anderen erfüllte. Also war ich besonders rücksichtsvoll, als er es mit der Angst zu tun bekam und mich deshalb verletzte. Ich stand hinter ihm, obwohl offensichtlich war, dass er nicht mehr hinter mir stehen wollte. Ich fühlte mich nicht gut dabei, aber ich dachte, das seien die Bedingungen, die ich zu erfüllen hatte.

Wäre ich direkt von bedingungsloser Liebe ausgegangen, hätte ich gar nicht erst angefangen, seine Bedingungen erfüllen zu wollen und mich selbst zu verbiegen. Ich wäre ehrlich und authentisch bei mir selbst geblieben – und dann hätte auch ich ihm keinen Nährboden für weitere Bedingungen gegeben.

Doch er war mein Spiegel, und sein Verhalten reflektierte deutlich meine eigenen Erwartungen an mich selbst in dieser Beziehung. Ich wollte perfekt sein, und meine Angst, die Bedingungen, die andere an mich in der Liebe stellen, nicht erfüllen zu können, wurde immer mehr genährt. Am Ende verließ er mich, und für mich war klar: Ich war nicht gut genug gewesen – ich hatte seine Bedingungen an die Liebe nicht erfüllt.

Ich habe lange gebraucht, um zu erkennen, dass bedingungslose Liebe bei mir selbst anfängt. Jeder von uns kann erwarten, bedingungslos geliebt zu werden, und genau das fällt den meisten Menschen ungemein schwer. Doch wenn wir aufhören, immer zu glauben, wir müssten die Bedingungen anderer Menschen erfüllen, können wir auch aufhören, im Gegenzug von anderen zu erwarten, dass sie unsere Bedingungen erfüllen. Bedingungen sind immer ein gegenseitiger Austausch. Du gibst mir A, B und C und dafür verhalte ich mich gemäß deinen Bedingungen namens D, E und F. Sobald einer aus diesem Austausch aussteigt, funktioniert dieser Handel nicht mehr, und dann ist Platz für echte Liebe, die keine Bedingungen stellt.

Liebe ist ein universelles Prinzip. Sie verbindet uns alle, ist immer da und vermag uns nicht zu trennen. Nur durch das Getrenntsein in unserer irdischen Existenz und durch unser Ego fangen wir überhaupt an, Liebe infrage zu stellen und sie an Bedingungen zu knüpfen. Und wer auch immer uns verletzt oder enttäuscht – die anderen zeigen uns nur, wie weit wir uns von bedingungsloser Liebe entfernt haben und wie hart wir zu uns selbst sind.

Selbstliebe lässt frei

Lerne erst einmal, dich selbst zu lieben. Wie oft hören wir diesen Spruch oder geben ihn anderen als Ratschlag mit? Mit der Selbstliebe ist es ähnlich wie mit der bedingungslosen Liebe. Alle reden drüber, aber nur wenige wissen, wie es wirklich geht. Unsere Vorstellung von Liebe als primär romantischer Liebe ist beim Verständnis nicht gerade hilfreich. Gerade wenn in Beziehungen mehr Selbstliebe gefordert wird, ist die Vorstellung schwierig, diese romantischen Liebesgefühle für sich selbst zu empfinden.

Genauso wenig hilfreich ist es, dass Selbstliebe häufig mit Selbstverliebtheit oder Egoismus gleichgesetzt wird. Denn das Ego will vor allem eins: sich absetzen, anders sein, mehr haben und nie zu kurz kommen. Selbstliebe im Sinne des Egos bedeutet, immer darauf zu achten, genug abzubekommen und als etwas Besonderes angesehen zu werden. Darauf wird unser Ego ein Leben lang trainiert. Von klein auf lernen wir, dass wir besser sein müssen als andere. Wir lernen uns zu vergleichen und uns zu messen, sei es bei Schulnoten oder sportlichen Wettkämpfen, beim Aussehen oder der eigenen Beliebtheit. Alles, was wir tun, ist ein Rennen um die meiste Liebe und die größte Anerkennung. Wir dürfen nicht einfach sein wie alle anderen, sondern wir müssen immer irgendwie besser, schöner, schlauer, freundlicher oder liebevoller sein. Damit trennen wir uns von allen anderen ab, und dieses Gefühl des Getrenntseins begleitet uns durch unser ganzes Leben. Wir kämpfen um Liebe und Anerkennung, als sei nicht genug für alle da.

Es ist kein Wunder, dass Selbstliebe und Egoismus häufig verwechselt werden. Wer sich vornimmt, sich selbst mehr zu lieben, tut dies häufig, indem er versucht, möglichst viel für sich herauszuschlagen. Man sagt öfter nein, um die eigenen Bedürfnisse in den Vordergrund zu stellen, oder man trennt sich von Freunden oder Lebenspartnern, bei denen man das Gefühl hat, sie würden zu viel nehmen und zu wenig geben. Vielleicht nimmt man sich auch einfach selbst mehr von diesem oder jenem und gesteht anderen weniger zu.

Diese Verwechslung von Selbst und Ego ist eine logische Konsequenz unserer modernen, konsumorientierten Gesellschaft. Wie Marianne Williamson es beschreibt, übertragen wir Selbstliebe nur zu gerne auf die Dinge, die wir besitzen. Wir lieben unsere Autos, unsere Häuser und schöne Kleider – und wenn wir uns selbst einen Liebesbeweis machen wollen, endet es nicht häufig damit, dass wir einen ausgiebigen Shoppingtrip machen oder uns endlich das teure Auto kaufen, von dem wir immer schon geträumt haben. Andere gönnen sich einen Spa-Besuch oder buchen einen

Kurzurlaub. Doch mit wirklicher Selbstliebe hat das nicht viel zu tun, denn das würde zumindest voraussetzen, dass diese Dinge uns zurücklieben können. Doch auch wenn wir uns kurzfristig gut fühlen, wenn wir uns etwas „gegönnt" haben: All diese Dinge werden uns niemals zurücklieben. Kein Wunder, so Williamson, dass wir so ausgehungert nach Liebe sind – und auch kein Wunder, dass wir das Konzept der Selbstliebe so schwer verstehen.

Sich selbst zu lieben, heißt nicht, das eigene Ego auf Kosten anderer zu füttern. Natürlich ist Grenzen setzen ein wichtiger Bestandteil der Selbstliebe, doch wenn Grenzen zu hart gezogen werden, dann trennen sie uns umso mehr von anderen und damit von der Quelle der Liebe selbst.

Reine Selbstliebe ist nicht gleichzusetzen mit Egoismus. Selbstliebe bedeutet, sich eins mit allem zu fühlen und das Getrenntsein des Egos zu überwinden. Sich selbst zu lieben bedeutet, den anderen genauso zu lieben wie sich selbst. In dieser reinen Form ist Selbstliebe der Weg zu Liebe und Erfüllung.

Mangelnde Selbstliebe wird sich immer wie ein Spiegel im anderen zeigen. Wenn wir uns noch nicht einmal selbst lieben, wird auch unser Gegenüber uns genau das bestätigen. Denn wenn wir uns selbst nicht lieben, fangen wir automatisch an, andere zu kontrollieren. Sie sollen uns das geben, was wir uns selbst nicht geben können. Weil wir nicht mit uns allein glücklich sein können, klammern wir an den anderen und stellen ihre Freiheit infrage, nur damit wir uns nicht so einsam fühlen. Wenn wir uns selbst nicht für liebenswert halten, erwarten wir vom anderen ständig Beweise seiner oder ihrer Liebe. Wir steigern uns in Eifersucht hinein und wollen die Gefühle kontrollieren, die er oder sie für andere Menschen hat. Wenn wir dagegen anfangen, uns selbst zu lieben, entlassen wir andere aus der Verantwortung für unser Leben – und erst jetzt kann Liebe wirklich wachsen.

Wie lernt man also Selbstliebe? Für den Anfang ist es einfacher, sich nicht vorzunehmen, sich selbst zu lieben, sondern einfach sein Leben zu lieben. Die Vorstellung, sein Leben zu lieben, ist viel weniger abstrakt, und es hat auch mir einen ersten Zugang zu dem Thema ermöglicht. Ein einschneidender Moment war die Beerdigung meines Kollegen, der an einem Hirntumor gestorben war, noch bevor er seinen vierzigsten Geburtstag feiern konnte. Abends in der Kneipe, in der die Trauerfeier stattfand, liefen Bilder seines Lebens über den Bildschirm, und mir fiel plötzlich auf, wie wenig ich über ihn wusste. Z. B., dass er mit dem Rennrad die komplette Tour-de-France-Strecke abgefahren war oder wie bedeutend seine Band für ihn gewesen war. Wir hatten zwar die letzten Jahre zusammen an einem Schreibtisch gesessen, aber meistens hatte er über sein Leben geklagt und häufig bis spät in den Abend hinein gearbeitet. Da ich zu dieser Zeit auch überwiegend arbeitete und weit weg von Freunden und Familie wohnte, fragte ich mich plötzlich, was man auf meiner Beerdigung zeigen würde, wenn es nur noch Bilder der letzten Jahre gab. Meine Urlaube konnte man an einer Hand abzählen und für Hobbys nahm ich mir schon lange kaum noch Zeit. Was würde jemand über mein Leben erzählen, der mich nur die letzten Jahre gekannt hatte? Sie hat viel und gut gearbeitet? Sie hat Freunde und Familie im Rheinland zurückgelassen, um sich in der Wirtschaftskrise wacker als freiberufliche Redakteurin in Berlin zu schlagen? Toll! Ich hätte es damals nie zugegeben, aber eigentlich wartete ich darauf, dass irgendwer kam und mein Leben endlich perfekt machte, anstatt diese Verantwortung selbst zu übernehmen.

Das war jedenfalls der Tag, an dem ich beschloss, mein Leben wieder zu lieben. Ich reiste wieder mehr, übernahm eines der Pferde meiner Schwester, um mein altes Lieblingshobby wieder aufzunehmen, und ich nahm mir wieder mehr Zeit für meine Freunde. Und ehe ich mich versah, war ich auch schon wieder mittendrin in einer Beziehung – und hatte tatsächlich wenige Erwartungen daran, was mein Partner wohl Schönes aus meinem Leben machen würde, da ich selbst dafür gesorgt hatte, dass mein Leben erfüllt war.

Natürlich war das noch nicht alles. Wahre Selbstliebe bedeutet weit mehr, als sich sein Leben mit Hobbys und Reisen schön zu gestalten. Wie ich ein paar Jahre später erfahren sollte, war ich noch nicht sehr weit mit der Selbstliebe gekommen. Doch es war der entscheidende Anfang. Wer anfängt, Verantwortung für das eigene Leben zu übernehmen, hört auf, andere für sein Glück verantwortlich zu machen – oder sie gar kontrollieren zu wollen, damit sie mit ihrem Verhalten förderlich für das eigene Glück sind.

Selbstliebe bedeutet Befreiung, für einen selbst und für jeden anderen. Wenn wir uns selbst alles geben, was wir an Liebe brauchen, können wir alle anderen frei lassen. Wer das eigene Leben mit Liebe und Glück füllt, erwartet dies nicht vom Partner. Wer sich selbst so annehmen kann, wie man ist, mit allen Schwächen und Fehlern, braucht keine Bestätigung von anderen Menschen, und sie sind frei zu tun und zu denken, was sie wollen. Und genau in diesem Moment wird Liebe und Bestätigung zu einem zurückkommen. Der andere, unser ewiger Spiegel, wird auch immer unsere Selbstliebe reflektieren.

Jetzt kann auch echte Verbundenheit entstehen. Wenn wir uns selbst lieben, erkennen wir uns in jedem anderen. Wo unser Verständnis von Selbstliebe bisher auf der Vorstellung basiert hat, uns von anderen abgrenzen zu müssen, erkennen wir jetzt, dass wir nie getrennt waren.

Danke, liebes Spiegelbild

Es ist dein Weg – manche kön-
nen ihn mit dir gehen, aber keiner
kann ihn für dich gehen.

Rumi

Mit diesem Kapitel endet dieses Buch, aber nicht die Reise, die ich auf dem Weg zu mir selbst angetreten habe. So schmerzhaft alles war – heute bin ich dankbar für alles, was passiert ist. Denn ich weiß, dass mein Expartner mich auf tiefster Seelenebene freigelassen hat, damit ich genau diesen Weg gehen darf.

Im Nachhinein wurde mir klar, dass ich diese Dankbarkeit die ganze Zeit gespürt habe. Schon kurze Zeit nach der Trennung wusste ich, dass dieser Mensch mir geschickt worden war, damit sich endlich alles zum Guten wenden würde. Und jetzt sehe ich mich um und erkenne all das Schöne, das die Begegnung gebracht hat. Ich sehe die neue Liebe, die mich mit meiner Familie verbindet. Ich fühle die neue Energie in mir, die endlich weiß, was ich aus meinem Leben machen soll und wozu ich eigentlich berufen bin. Ich spüre mein neues starkes Ich immer mehr erwachen und fühle unglaublich viel Dankbarkeit für alles, was ich seitdem lernen und erleben durfte.

Mittlerweile weiß ich auch, dass er unsere Geschichte genauso erlebt hat wie ich – nur andersherum. Aus seiner Sicht war ich diejenige, die sich verschlossen und nicht richtig an sich herangelassen hat. Allein die Einsicht in seine Perspektive, die mir bestätigte, dass andere nur unser Spiegel sind und aus den gleichen Motiven von Angst und Liebe handeln wie wir selbst, hat mir noch größeren inneren Frieden verschafft. Unsere Zusammentreffen nach dem Entstehen dieses Buches haben mir gezeigt, dass es hier vor allem um unser Wachstum geht – um seins genauso wie um meins, egal wohin unser Weg uns noch führt. Er ist der beste Gradmesser, den ich habe, um mir zu zeigen, wie weit ich bin, und alles was er bisher getan hat, hat mich weitergebracht, damit ich endlich in meine volle Stärke komme. Ich hoffe, dass ich auf Seelenebene das Gleiche für ihn tue.

Diese Stärke spüre ich jeden Tag ein bisschen mehr, auch wenn Höhen und Tiefen dazu gehören wie Ebbe zur Flut. Dankbarkeit ist der Schlüssel. Dankbarkeit löst die Traurigkeit im Hier und Jetzt auf, verwandelt sie in Lebensfreude und erschafft damit eine neue Realität. Die Lektionen des Lebens anzunehmen, anstatt alles, was uns passiert, als Bürde, Ungerechtigkeit oder Hindernis zu betrachten, wandelt Versäumnisse, Ungerechtigkeiten und Fehler in unser größtes Glück.

Wer eine neue Zukunft für sich erschaffen will, möchte häufig das Hier und Jetzt so schnell wie möglich hinter sich lassen. Das Heute schmerzt, weil es nur den eigenen Mangel widerspiegelt, und daher möchte man es gerne überspringen und wie durch ein Wunder in einem besseren Morgen ankommen. Doch das Universum ist ein gigantischer Kopierer. Das Gesetz der Anziehung kann immer nur das wiedergeben, was es im Hier und Jetzt vorfindet. Wer heute im Mangel und in der Angst lebt, dem wird das Gesetz der Anziehung auch morgen nur Angst und Mangel liefern. Wer heute in der Vergangenheit lebt, alte Gefühle des Grolls und der Traurigkeit jeden Tag aufs Neue durchlebt, der wird auch morgen immer nur seine eigene Vergangenheit wiederfinden. Wer dagegen heute in der Dankbarkeit lebt, für den wird sich auch morgen immer mehr finden, für das er Dankbarkeit empfinden kann.

Wenn wir auch unser Gegenüber als den Spiegel erkennen, der er ist, können wir auch aufhören, immer nur den einen zu suchen, der uns endlich perfekt macht. Wir brauchen niemanden mehr, der uns ein perfektes Spiegelbild garantiert, weil wir uns selbst angenommen und geheilt haben. Damit können wir auch die Suche nach Mr. Right und Mrs. Perfect aufgeben. Der richtige Partner ist nicht der, der den Wunsch deines Egos, besser und anders zu sein als andere, befriedigt. Sondern der, der dir den Spiegel ungeschönt vorhält. Der mit dir in diesen Spiegel sieht, all die Fehler und Ängste bemerkt und dich trotzdem oder gerade deswegen niemals zu lieben aufhört. Dieser Partner ist bereit, mit dir zu wachsen, und du kannst mit ihm wachsen.

Liebe und Beziehungen passieren uns nicht, wir suchen sie uns aus. Wir haben volle Verantwortung dafür, wen wir mit unseren Gefühlen und Gedanken in unser Leben ziehen. Ich habe ihn ausgesucht, und er hat mich ausgesucht, damit wir an unserem Schmerz heilen und wachsen können. Ich weiß jetzt, warum das Universum schon mein Leben lang versucht, uns zueinander zu führen. Er hat meine Mauern eingerissen und mich zu mir selbst zurückgeführt. Und dafür werde ich ihm immer dankbar sein.

Literatur

Bernstein, Gabrielle (2018). *Das Universum steht hinter dir: Wie wir Angst in Vertrauen verwandeln.* Heyne Verlag.

Dispenza, Joe (2017). *Werde übernatürlich: Wie gewöhnliche Menschen das Ungewöhnliche erreichen.* KOHA Verlag.

Hicks, Esther und Jerry Hicks (TB Edition, 2011). *Ein neuer Anfang: Das Handbuch zum Erschaffen deiner Wirklichkeit.* Heyne.

Laotse (Gebundene Ausgabe 2010). *Tao te king. Das Buch vom Sinn und Leben.* Nikol.

Schucmann, Helen (14. Aufl. 2019). *Ein Kurs in Wundern: Textbuch /Übungsbuch /Handbuch für Lehrer.* Greuthof.

Tolle, Eckhart (15. Aufl., 2010). *Jetzt! Die Kraft der Gegenwart.* Kamphausen Media GmbH.

Tolle, Eckhart (7. Aufl., 2015). *Eine neue Erde. Bewusstseinssprung anstelle von Selbstzerstörung.* Arkana.

Vitale, Joe und Ihaleakala Hew Len (2016). *Zero Limits: Mit der hawaiianischen Ho'oponopono-Methode zu Gesundheit, Wohlstand, Frieden und mehr.* Wiley-VCH.

Walsch, Neale Donald (2009). *Gespräche mit Gott: Vollständige Ausgabe.* Arkana.

Williamson, Marianne (Neuveröffentlichung 2016). *Rückkehr zur Liebe: Harmonie, Lebenssinn und Glück durch "Ein Kurs in Wundern".* Goldmann Verlag.

Zeitfracht Medien GmbH
Ferdinand-Jühlke-Straße 7
99095 Erfurt, Deutschland
produktsicherheit@kolibri360.de